KB247341

가슴이 시키는 일

Part 2 실천편

성공,

그것은 꿈의 고통이다.

고통이 없이 피는 꽃을 보았는가.

고통이 없이 깨어나는 새끼를 보았는가.

고통에는 반드시 뜻이 있다.

그 뜻을 기꺼이 견뎌라.

꿈이 당신을 위로하리라.

꿈이 당신을 보상하리라.

꿈이 당신을 살게 하리라.

그리고, 마침내 당신은

꿈과 닮은 당신을 만나리라.

판테온하우스
Pantheonhouse

하면 할수록 행복한 마음의 명령

가슴이 시키는 일 part 2 실천편

● 김이율 지음

판테온하우스
Pantheonhouse

꿈,
그 간절함과 절박함 사이…

자그마한 창문을 통해 밤하늘을 올려다보면 두 가지가 보인다. 하나는 빛, 다른 하나는 검은 어둠이다. 빛은 별이고, 그 외의 것은 모두 어둠이다.

별은 존재감이 있다. 반짝거리기도 하고 간혹 떨어지기도 한다. 그 아름다운 자태는 사람들의 눈을 끌기에 충분하다. 그러나 어둠은 존재감이 없다. 하얀 백지와도 같다.

사람들이 밤하늘을 자주 올려다보는 이유는 뭘까? 캄캄한 어둠을 보기 위해서일까? 만약 그렇다면 방안에 불을 끄면 되지, 굳이 밤하늘을 올려다볼 이유는 없다.

사람들이 밤하늘은 보는 이유는 반짝거리는 수많은 별을 보기 위해서이다. 그 별들을 보면서 고단한 일상을 위로받기도 하고, 마음 속의 소원을 빌기도 하며, 외로움을 달래기도 한다. 그리고 더러는 이런 생각도 한다.

'나도 저 별처럼 반짝이면 얼마나 좋을까?'

수많은 별들 중에서 그 어느 하나 스스로 빛을 내지 않는 별은 없다.

빛을 내기 위해선 스스로 열을 뿜어내며 타올라야 한다. 어둠이 아무리 도와준다고 하지만, 스스로 빛을 내지 않으면 어둠과 다를 바 없다.

꿈도 인생도 마찬가지다.

아무리 운이 따르며, 스펙이 뛰어나다고 한들, 스스로 꿈에 대한 목표가 불분명하고, 실천 의지가 약하다면 그 무엇도 얻을 수 없다. 설령, 시도를 한다 해도 오래 가지 못한다. 목표는 바위처럼 확고해야 하고, 실천 의지는 과녁을 향해 날아가는 화살처럼 빠르고 명쾌해야 한다.

누구나 다 꿈을 가질 권리가 있다. 목표도 가질 권리가 있다. 노력마저도 누구나 할 수 있다. 하지만 누구나 꿈을 이룰 순 없다.

꿈은 고통을 동반한다. 때로는 안락함을 버려야 하기도 하며, 기득권을 포기해야 하기도 한다.

사실, 꿈을 이루기 위해 모든 것을 건다는 건 어려운 일이다. 대단한 용기가 필요하다. 현실과 꿈 사이에서 심한 갈등이 발생할 것이며, 지금 하는 일에 대한 미련이 발목을 잡을 수도 있기 때문이다. 또한 꿈과 점점 가까워질수록 더 큰 고통이 따르고 포기하고 싶은 마음이 더 강해질 수도 있다.

그럼에도 불구하고, 당신이 꿈을 향해 가고자 한다면, 그런 삶을 살고자 한다면, 당신의 인생에 경의를 표하는 바이다.

어쩌면 지금까지의 삶은 가짜였는지도 모른다. 지금 인생부터가 진짜 인생이고 온전히 당신의 것이다.

다행스러운 건 꿈을 실현할 수 있는 가능성은 누구나 다 가지고 있다는 것이다. 그 가능성은 바로 '절박함과 간절함'이다.

너무 막막하다고, 그래서 포기해야겠다고 말하지 마라.
나는 목에 칼을 쓰고도 탈출했고,
뺨에 화살을 맞고 죽었다 살아나기도 했다.
적은 밖에 있는 것이 아니라 내 안에 있는 것이다.
나는 거추장스러운 것은 깡그리 쓸어버렸다.
나를 극복하는 그 순간 칭기즈칸이 되었다.
- 칭기즈칸

꿈을 갖되, 그 꿈이 간절해야 한다. 아니 절박해야 한다. 그것 외에 선택의 여지가 없어야 하며, 그것이 아니면 더 이상 물러날 자리가 없어야 한다. 꿈이 위태롭거나 위협을 받게 되면 신기하게도 꿈은 더더욱 강해지고 선명해진다.

분주파부(焚舟破釜), 칼 끝에 꿈을 세워라

손자병법에 '분주파부(焚舟破釜)'라는 말이 나온다. 글자 그대로 '배를 불사르고 솥을 부순다'는 말이다.

초(楚)나라의 항우(項羽)가 진(秦)나라와 거록(鋸鹿)에서 싸웠을 때의 일이다.

항우는 3만의 병사를 이끌고 진나라를 치기 위해 진군했다. 진나라의 병사는 20만에 육박했다. 항우의 병사에 무려 7배에 가까웠다. 수적으로는 도저히 승산이 없는 싸움이었다.

그러나 항우는 승리를 자신했다. 항우는 병사들에게 강력한 동기부여를 시켰다. 강을 건너는 배를 가라앉혀 병사들이 도망치지 못하게 만들었으며, 솥을 때려 부숴 3일분의 식량만을 배급하였다.

"이제 우리는 돌아갈 곳도 없고 먹을 것도 없다. 즉, 더 이상 물러날 곳이 없다. 죽을 각오로 싸워야 한다."

항우는 병사들을 물러날 곳이 없는 곳으로 몰아넣어 다른 선택이 없게 만들어버렸다. 이에 선택의 여지가 없던 초나라 병사들은 죽기 살기로 싸웠고, 마침내 승리할 수 있었다.

《해리포터》 시리즈로 세계적인 부호가 된 작가 조앤 롤링 역시 '분주파부'의 각오로 살아왔다.

그녀에게도 혹독한 시절이 있었다. 이혼을 하고 젖먹이 아이와 함께 단칸방에서 정부 보조금으로 연명했다. 아이에게 먹일 분

유가 없어서 손가락을 빨린 적도 있었다. 삶이 그녀를 최악의 상황으로까지 몰고 간 것이다. 하지만 그녀는 포기하지 않았다. 쓰러지려는 순간, 다시 한 번 더 이를 악물고 전진했다. 그리고 마침내 불후의 작품인《해리포터》를 통해 세계 최고의 베스트셀러 작가가 되었다.

이상, 소개한 사람들에게는 공통점이 있다.

첫째, 목표와 꿈이 확고했다.

둘째, 다른 선택의 여지가 없이 절박했다.

셋째, 상식적으로는 불가능한 일을 했다. 즉, '머리'가 아닌 '가슴이 시키는 일'을 한 것이다.

역사상 성공했던 수많은 사람들은 부와 명예가 그들의 절대가치가 아니다. 그들이 추구하는 절대가치는 바로 불가능을 가능으로 바꾸고 싶은 뜨거운 열망이고 꿈을 성취하고자 하는 강렬한 욕구였다.

왜 이 책이 당신에게 필요한가?

이 책은 꿈과 성공, 그리고 행복에 관한 이야기를 담고 있다. 꿈을 향해 걸어가는 사람들에게 다시 한 번 더 도전할 수 있도록 용기와 희망을 주고 싶었다. 아울러 현실의 벽에 부딪혀 꿈을 잊고 사는 사람들과 별다른 의욕 없이 하루하루를 살아가는 사람들, '이게 아니면 다른 걸 하면 된다'고 생각하는 사람들, 현실에 안주하는 사람들에게 '꿈의 힘'에 대해서 말하고 싶었다.

여기 소개된 인물들이 살아왔던 이야기와 삶에 대처하는 자세, 성공 노하우를 하나도 빠뜨리지 말고 마음으로 받아들이기 바란다. 그리고 그들의 생각과 행동을 당신 자신에게 적용시켜 보아라.

울리지 않는 종은 더 이상 종이 아니며, 노래하지 않는 새는 더 이상 새가 아니다.

'꿈은 꾸는 만큼 이루어진다.' 이 말을 명심하기 바라며, 당신의 꿈과 목표를 칼끝에 세우고, 절벽 끝으로 내몰아 더더욱 단단해지게 만들길 바란다.

세게 눌러놨던 스프링이 힘차게 튀어 오르듯, 지금보다 훨씬 더 높게 비상하는 당신이 되길 바라며, 가슴 안에서 자고 있던 수만 개의 꽃망울들을 활짝 꽃피우는 당신이 되길 바란다.

당신이니까 가능하다.

당신이니까 해낼 수 있다.

당신이니까, 당신의 인생이니까.

하면 할수록 행복한 '마음의 명령'

백발의 원로 의사가 한 청년 앞으로 다가왔다.

청년은 자리에서 벌떡 일어나 고개를 깊게 숙이며 깍듯하게 인사를 했다.

"원장님, 오셨습니까?"

"응, 그래. 짐을 꾸리고 있었나? 그 동안 교육은 잘 받았지?"

"예. 보살펴주신 덕분에 편히 잘 배웠습니다. 너무나 감사드립니다."

청년은 다시 한 번 고개를 숙여 감사의 인사를 건넸다.

"감사는 무슨……. 앞으로 의학계를 짊어지고 갈 젊은 친구들과 함께 할 수 있어서 오히려 내가 더 보람이 있었지. 그나저나 자네는 시골에서 의사 생활을 한다고 들었네. 왜 그런 생각을 했나? 다른 사람들은 어떻게 하면 큰 도시로 나갈 수 있을까, 안달인데 젊은 나이에 시골이라니……. 혹시 성공에 대한 애착이 없는 건 아닌가?"

농촌 위생원에서 의술을 배운 뒤, 이제 막 의사가 된 청년은 고개를 내저으며 말했다.

"저는 성공에 대해서 이렇게 생각합니다. 큰 도시에 나가 큰 병원을 차려 많은 사람들에게 의술을 펼치는 것도 중요하지만 치료를 받고 싶어도 그럴 기회를 갖지 못하는 사람들에게 의술을 펼치는 것. 그것이 진정한 의사의 모습이며, 성공이 아니겠습니까? 선생님, 제 생각이 틀린 겁니까?"

"아닐세, 아니야. 자네 생각이 옳지. 암 그래야지. 젊은 친구지만 참으로 존경스럽군. 그 마음 꼭 이루게."

"예, 원장님. 그럼, 안녕히 계십시오."

청년 의사, 덩첸두이는 짐을 꾸려 윈난성 푸공현의 한 시골마을로 내려갔다.

그곳에서 의사의 삶을 시작했다. 그러나 말이 의사지 허름한 의원 하나 갖추지 못했다.

가족이나 친척들은 그에게 이렇게 말했다.

"아무리 시골이라고 해도 의사가 병원도 없이 이게 뭐니? 우리가 병원이라도 하나 마련해줄까?"

"아니에요. 그럴 필요 없어요. 여기 사시는 분들은 대부분 연세가 많으신 분들이라서 병원까지 오시기 힘들어요. 제가 찾아가야죠. 그래야 그분들이 편하시죠."

마을에서 누가 아프다는 소식을 들으면 그는 의약품 상자를 메고 환자를 찾아 뛰어갔다. 이른 바 왕진의사였던 것이다.

어느 날, 밤이 깊은 시간에 대문을 두드리는 소리가 들렸다.

"선생님, 큰 일 났어요. 문 좀 열어봐요."

그 소리에 그는 두 눈을 번쩍 뜬 채 황급히 일어났다. 잠결인데도 그의 손에는 의약품 상자가 들려 있었다.

"저희 어머니가 위독해요. 어서 좀 도와주세요."

"알겠습니다. 어서 갑시다."

어둠을 뚫고 그는 달렸다. 숨이 턱 끝까지 차오르고, 길이 어두워서 가는 동안 몇 차례나 넘어지는 바람에 무릎에서 피가 철철 흘렀다. 그러나 머뭇거릴 수 없었다. 한 사람의 생명이 자신의 손에 달려 있기 때문이다. 그는 의약품 상자를 휘날리며 달려갔다.

그는 매일 밤, 제대로 잔 적이 없다. 마을에 환자가 발생하면 사람들은 수시로 그의 집 대문을 두드렸고, 그때마다 벌떡 일어나 달려갔다. 긴장을 늦출 수 없었다.

하지만 강 건넌 마을에 환자가 발생하면 참으로 난감했다. 그 마을에 가기 위해서는 산길을 따라 2~3시간은 족히 걸어야 했기 때문이다. 환자가 아플 생각을 하니 마음이 다급했지만 상황이 허락하지 않으니 마음 한 구석이 아려온 것이다.

'내가 슈퍼맨이라면 바람처럼 휘리릭 날아갈 텐데⋯⋯. 얼마나 애타는 마음으로 나를 기다리고 있을까.'

어느 날은 강 건넌 마을을 하루에 두 번이나 다녀온 적도 있다. 진료를 마치고 집으로 돌아왔는데 다시 또 이웃집에서 환자가 발생한 것이다. 그날은 완전히 녹초가 되어 집에 오자마자 쓰러졌다.

'이대로는 안 되겠어. 무슨 수라도 써야지.'

수많은 생각 끝에 그는 강의 동쪽과 서쪽을 연결하는 쇠줄을 생각해냈다.

'이 쇠줄을 타고 강을 건너는 거야.'

어렸을 때부터 겁이 많았기 때문에 차마 그 방법까진 쓰고 싶지 않았지만 달리 방법이 없었다. 환자를 마냥 기다리게 할 순 없었기 때문이다.

그러나 그 애기를 들은 그의 가족들은 기겁했다. 특히 그의 어머니는, 이러다 귀한 자식을 잃는 건 아닐까 하고 가슴이 철렁 내려앉았다.

"덩첸두이, 이건 절대로 안 된다. 내가 널 어떻게 키웠는데 이런 위험천만한 곳에 널 보내겠니? 안 된다. 절대로 안 된다."

그러나 그는 비장한 표정을 지으며 어머니의 손을 잡았다.

"어머니, 저도 두려워요. 하지만 어쩔 수 없잖아요. 저는 의사예요. 환자에게 가야해요."

"산길로 갈 수 있잖니? 네가 곡예사도 아니고 이게 뭐니? 자칫 잘못했다가 강물에 빠지기라도 한다면……. 안 된다. 난 상상조차 하기 싫다.”

“어머니, 자꾸 이러시면 제 마음이 약해집니다. 전 가겠습니다. 제 목숨 하나 보존하겠다고 여러 목숨을 위태롭게 할 순 없습니다. 제게 용기를 주세요.”

결국, 그는 가족들의 만류에도 불구하고 강을 건너기로 했다. 생명을 건 모험이었다.

잠시 후 어깨에 의약품 상자를 짊어진 채 그가 쇠줄을 타고 강을 건너기 시작했다. 밑을 보면 더 두렵다는 걸 알면서도 자꾸 눈이 아래로 향했다. 강물은 모든 것을 다 집어삼킬 것처럼 거칠게 흐르고 있었다. 등줄기에 식은땀이 주르르 흘러 내렸다. 이러다 죽는 건 아닐까 하는 두려움과 공포심이 심장을 조여왔다. 그러나 한편으론 짜릿한 행복감도 느껴졌다.

‘그래, 조금만 가면 도착할 수 있어. 시간을 앞당길 수 있어. 환자를 만날 수 있어.’

가까스로 그는 건너편 협곡에 도달할 수 있었다. 그러나 큰 상처를 입고 말았다. 맞은편 쇠줄 기둥에 부딪치고 만 것이다. 어깨뼈가 욱신거리고 허벅지에 피멍이 들었지만 내색하지 않았다.

다음 날, 날이 새자마자 그는 협곡으로 향했다. 쇠줄 타는 게 능숙해질 때까지 연습을 하기 위해서였다.

그는 크게 숨을 들여 마신 후 다시 쇠줄을 잡았다. 두려움과 공포심은 여전했지만 그래도 많은 사람들이 자신을 응원해줄 거라는 믿음으로 강을 건너기 시작했다. 그러나 이번에도 역시 크고 작은 상처를 입었고, 급기야 의약품 상자를 강으로 떨어뜨리는 실수까지 저질렀다. 그렇다고 멈출 순 없었다.

다음 날도, 그 다음 날도 그의 목숨을 건 모험은 계속 되었다. 상처가 온몸을 덮었고, 의약품 상자도 수차례나 강물에 재물로 바쳐야 했다.

한 두어 달이 지나고 나니 그제야 쇠줄 타기가 어느 정도 손에 익었다.

'그래. 이 정도면 됐어. 이제 됐어.'

그때부터 그는 강 건너 마을에 왕진을 갈 때면 유난히 마음이 가벼웠다.

"정말로 고마워. 자네 덕분에 이제 맘 편히 아플 수 있게 되었어."

"어르신, 그게 무슨 말씀이세요. 아프지 않으셔야죠. 치료는 잘 되었습니다. 그럼 오늘은 이만 가보겠습니다. 내일 또 들리겠습니다."

"그래. 조심히 건너가게."

그는 20년 동안 5,000번 이상 쇠줄을 타고 강 건넌 마을에 왕진을 다녔다. 그에겐 여전히 번번한 의원 하나 없다. 의약품 상자만이 유일한 재산이다.

"선생님, 어쩌죠?"

"할머니, 괜찮아요. 제가 돈 때문에 온 건가요? 할머니 치료해 주려고 온 거죠."

"그래도 매번 치료비도 안 받고 고쳐주시니 이렇게 감사할 때가 있나. 자, 고구마라도 몇 개 가져가세요."

"제가 고구마를 가져가야 할머니 마음이 좀 편하시겠죠? 그래요. 가져갈게요."

그는 왕진을 갈 때마다 출장비를 받은 적이 없다. 더군다나 약값이나 치료비를 낼 형편이 안 되는 환자에게는 기꺼이 무료로 진료를 해주었다.

그러던 어느 날, 한 방송국에서 연락이 왔다.

"선생님, 제가 제보를 받았는데 쇠줄에 의지해 강을 건너다니며 의술을 펼치신다고 들었습니다. 어떤 사연이 있는지 취재를 하고 싶습니다."

"제가 뭐 그럴 위인이 될까요?"

며칠 후 쇠줄을 타고 왕진을 다니는 그의 기행을 취재하기 위해 방송국 PD와 카메라맨이 마을에 왔다.

그리고 본격적으로 취재가 시작되었다. 그는 여느 때와 다름없이 의약품 상자를 어깨에 메고 강가로 갔다. 그리고 능숙한 솜씨로 쇠줄을 타고 강을 건넜다. 카메라는 계속해서 그의 일상을 따라다녔다. 하루에도 몇 번씩 목숨을 건 쇠줄타기에서부터 가난하고 헐벗은 이웃과 소외된 노인들을 위해 무료 진료를 해주는 모습까지 모두 세세하기 카메라에 담아냈다.

PD가 그에게 물었다.

"힘들지 않으세요?"

"힘들긴요. 제가 해야 할 일인데요, 뭐."

"남들은 다 성공을 좇느라 바쁜데, 선생님께서는 그 누구도 알아주지 않는 이 시골마을에서 목숨을 걸고 일하시네요. 성공하고 싶지 않으세요?"

"성공이요? 허허허. 성공도 결국 행복해지자고 하는 거 아닙니까? 전 지금 행복합니다. 아파도 저를 찾아올 힘이 없고, 돈이 없는 사람들을 위해 제가 달려가는 것. 그게 행복이고, 성공 아닌가요?"

얼마 후 그의 삶은 TV를 통해 중국 전역에 전파를 타게 되었다. 그것을 본 시청자들은 돈과 성공을 좇지 않고 마음의 명령을 따라 걸어가는 한 시골의사의 삶을 보며 큰 감동을 받았다. 그리고 그 감동은 기적으로 이어졌다.

그의 사연을 접한 중국 정부에서는 쇠줄로 이은 그 협곡에 현수교를 건설해주기고 약속을 한 것이다.

그는 너무나 행복했다.

'다리가 놓이면 이제 더 빨리 갈 수 있겠군. 이럴 게 기쁠 수가⋯⋯.'

시골의사, 덩첸두이는 오늘도 어깨에 의약품 상자를 짊어지고 아슬아슬한 곡예를 계속하고 있다. 기적의 다리가 완공되기를 기다리며⋯⋯.

마음의 거리를 좁히는 방법

부자 사업가가 여행 중에 한 어부를 만났다.

사업가는 그 어부의 물고기 잡는 모습이 마음에 들지 않았다.

"그렇게 빈둥거리는데 물고기를 잡을 수나 있겠소?"

그러자 어부가 미소 지으며 말했다.

"오늘 몫은 이미 다 잡아놨소."

사업가는 고개를 갸웃거렸다.

"시간도 많은 것 같은데 더 많이 잡아 놓으면 좋잖소? 그러면 돈을 더 많이 벌 수 있잖소. 돈이 많아야 더 큰 그물을 살 수 있고, 큰 그물이 있으면 더 많이 잡을 테고. 그러면 결국 당신도 나처럼 부자가 될 것이오."

"부자가 된 다음에는 뭘 하죠?"

"그야 물론 편안히 앉아 쉬는 거지."

그러자 어부가 여전히 미소를 지으며 말했다.

"지금 내가 그걸 하고 있지 않소."

돈과 성공을 좇는 것에 대해 결코 비난할 일은 아니다. 어쩌면 그것은 인간의 당연한 욕망일지도 모른다. 돈이 많으면 그만큼 생활이 윤택해지고, 성공을 하면 명예와 지위가 높아진다. 하지만 돈과 성공이 반드시 행복으로 이어지는 것은 아니다.

행복은 마음의 만족과 여유에서 온다. 다른 사람이 보기엔 초라하고 하찮은 일일지 모르지만, 자신이 하는 일에 뜻이 있다면 그것이 바로 행복이고 가치 있는 일이다. 돈과 성공을 좇다보면 자칫 자신이 진짜로 원하는 삶을 잃게 되고 점점 행복으로부터 멀어지게 된다.

지금 나를 가장 기쁘게 하는 일이 무엇인지, 나를 가장 설레게 하는 게 무엇인지, 나를 가장 뿌듯하게 하는 게 무엇인지……. 그것을 찾는 것이 우리가 사는 이유이며, 행복과 성공으로 가는 지름길임을 잊어서는 안 된다.

Contents

Chapter 02 자강불식(自强不息),
스스로 강하게 하고 쉬지 않는다

Chapter 03 自勝者强(자승자강), 나를 넘어서라

마음이 명령하고, 가슴이 시키는 일을 하라!

Chapter 01

분주파부(焚舟破釜), 칼 끝에 꿈을 세워라

焚舟破釜

"거리를 둔 두 개의 의자가 있다. 만약 그 두 개의 의자에 앉으려고 한다면 그 사이로 떨어지고 만다. 한 개의 의자를 선택해야 한다. 네가 진정으로 하고 싶은 것. 그게 바로 너의 꿈이자, 너의 가슴이 네게 명령하는 일이다."

쉽고 편안한 환경에서는

강한 인간이 만들어지지 않는다.

시련과 고통의 경험을 통해서만

강한 영혼이 탄생하고 통찰력이 생기며

일에 대한 영감이 떠오른다.

이 모든 과정을 겪은 후에 찾아오는 것은 단 하나,

바로 성공이다.

- 헬렌 켈러

가장 낮은 곳에서도
가장 위대한 꿈을 꾸어라

말끔하게 차려 입은 한 남자가 호떡을 파는 작은 포장마차 안으로 들어갔다.

"어서 오세요. 몇 개나 드릴까요?"

"여섯 개만 주세요."

"예. 잠시만 기다리세요."

잠시 후 아주머니가 호떡을 내밀었다.

"여기 있습니다."

호떡을 받아든 남자는 순간, 눈물이 핑 돌았다.

"…… 왜 그러세요?"

"아 아 아닙니다. 돈 여기 있습니다."

남자는 호떡 봉지를 옆구리에 끼고 급히 포장마차를 나왔다. 한 줄기의 눈물이 볼을 따고 흘러내렸다. 주마등처럼 지난 날이 스쳐지나갔다.

남자의 이름은 김철호. 지금은 어엿한 죽 전문점 '본죽'의 CEO이지만 그 역시 한때 밑바닥까지 경험했던 실패자였다. 그런 그가 다시 일어설 수 있었던 건 역설적이게도 아무것도 가진 게 없었기 때문이었다.

그는 1993년 인삼제품 판매업을 시작으로 다이아몬드 유통업에도 손을 댔지만 생각만큼 사업이 쉽지 않았다.

'도대체 뭘 해야 성공할 수 있을까?'

순간, 그의 머릿속에 '고급화 전략'이라는 말이 번쩍 떠올랐다.

'그래. 좀 비싸더라도 몸에도 좋고, 건강에도 좋으면 사람들이 반드시 구매할 거야. 고급제품을 팔아보자. 그런 것들을 필요로 하는 사람들이 틀림없이 있을 거야.'

그가 선택한 것은 순식물성 목욕제품이었다. 하지만 매장을 만들기 위해선 자본금이 필요했다. 갖고 있는 돈이 없었기 때문에 어쩔 수 없이 집을 지하 월세방으로 옮겼다. 그렇게 해서 방배동에 수입 목욕용품점 'B&B 하우스'를 열었다. 그의 예상은 적중했다. 가히 폭발적일 만큼 사업은 성공적이었다. 일년여 만에 가맹점이 400개가 생겼고 연매출 500억 원을 올렸다. 그러나 그 성공은 그리 오래

가지 못했다.

IMF 외환위기로 인해 쓰나미급 위기가 찾아왔다. 영원할 것만 같았던 성공은 하루아침에 무너져내렸고, 결국 빈털터리 신세가 되고 말았다. 심지어 살던 집마저 경매에 넘어가 세 딸과 부인까지 모두 뿔뿔이 흩어져야 했다. 최고의 자리에서 하루아침에 밑바닥 인생이 되고 만 것이다. 한강을 지나갈 때마다 차라리 죽는 게 낫겠다는 생각이 든 게 한두 번이 아니었다. 그럴 때마다 그는 마음을 다잡았다.

'삶을 포기하기엔 아직 내게 기회가 너무 많아. 앞선 실패는 내 자만심에 대한 경고였어. 다시 시작하자. 밑바닥부터 다시 시작해보자.'

더 이상 잃을 게 없었던 그는 오히려 마음이 홀가분했다. 뭐든지 시작하면 지금보다 훨씬 더 나을 것 같았다.

마음을 다잡은 그는 요리학원에 취직했다. 말이 취직이지 월급도 없는 무급 총무였다. 학원 한 켠에서 먹고 자면서 청소도 하고 학원생 관리도 하면서 어깨 너머로 요리를 배웠다. 뭔가를 다시 시작한다는 것 자체가 행복했다. 그는 자신이 살아있음을 느꼈다.

학원 홍보도 병행했는데, 그의 홍보 덕분인지 학원생이 점점 늘기 시작했다. 그래서인지 학원장은 그를 볼 때마다 흐뭇해하고 감사해했다.

"김 총무, 자네 덕분에 학원생이 두 배로 늘었어. 마케팅 능력이 뛰어난 것 같은데, 무슨 비법이라도 있나? 예전에 뭘 했다고 했지?"

"그냥 이것저것 닥치는 대로 했어요."

그는 한순간도 가만히 있지 않았다. 뭔가를 생각하고 그것을 실천하면서 시간을 보냈다. 그리고 밤에 할 수 있는 일에 대해서 많은 생각을 했다. 밤에 여유시간이 많으니 그 시간에 뭐라도 하고 싶었던 것이다.

'그래. 호떡 장사를 해보는 거야.'

창피하기도 했지만 지금은 그런 걸 따질 여유가 없었다. 자존심보다는 먹고 사는 게 먼저였기 때문이다.

그는 호떡 굽는 기술을 배우기 위해 종로 세운상가에서 호떡으로 이름을 날리던 호떡집 주인을 무작정 찾아갔다.

"사업을 하다 망했습니다. 죽으려고도 했지만 그럴 용기라면 다시 시작하자고 다짐하고 이렇게 선생님을 찾아왔습니다. 제게 호떡 굽는 법을 좀 가르쳐주십시오. 부탁드립니다."

호떡집 주인은 생면부지의 사람이 다짜고짜 찾아와서 호떡 굽는 방법을 알려달라고 하자 당황했다. 그래서 처음에는 거절했지만, 날마다 찾아와서 간곡하게 부탁하자 어쩔 수 없이 비법을 가르쳐주었다.

"눈빛이 하도 간절하고, 하고자 하는 의지가 보여서 가르쳐주는 겁니다. 꼭 성공하세요."

호떡 굽는 기술을 배운 그는 당장 학원장을 찾아갔다.

"원장님, 부탁이 있습니다."

"뭔가? 어서 말해보게."

"저녁 시간에 학원 옆에서 호떡 장사라도 하고 싶습니다. 그 공간을 쓸 수 있게 허락 좀 해주십시오.”

학원장은 잠시 고민하더니 이내 고개를 끄덕였다.

“그래. 허락하지. 대신 대박 나야 하네. 알았지?”

“예. 감사합니다.”

며칠 후 그는 호떡 장사를 시작했다. 호떡 이름은 ‘꿀떡개비’라고 지었다. 그런데 복장이 특이했다.

그는 넥타이와 와이셔츠에 양복 정장을 입고 호떡을 구웠다. 그 나름대로 차별화를 시도한 것이다. 그래서인지 첫 날부터 꽤 많은 손님들이 들락거렸다.

그러던 어느 날, 그의 앞에 아내가 나타났다. 아내는 한참동안 그를 바라보더니 소리 없이 눈물을 흘렸다.

“당신, 여기서 뭐해요?”

“보면 몰라? 호떡 굽고 있잖아.”

그러자 말없이 눈물을 훔치던 아내는 그의 옆으로 와서 같이 호떡을 굽기 시작했다.

그 날, 그는 마음 속으로 재기의 꿈을 다시 한 번 불태웠다.

‘반드시 다시 일어날 거야. 그래서 집사람이 다시는 눈물을 흘리지 않게 할 거야.’

반 년 후 그는 새로운 사업에 다시 도전했다. 친구와 함께 직접 요리학원을 차린 것이다. 나름대로 전략이 있었다. 외식업 창업을 하려는 사람들을 상대로 요리를 가르치고 그들에게 창업 컨설팅까지 해주는 것이었다. 아이템이 괜찮았는지 학원은 금세 자리를 잡았다.

해가 갈수록 외식업 창업자들이 늘고 있었기 때문에 매출도 고공행진을 이어갔다.

그런데 또다시 그에게 시련이 닥쳐왔다. 동업을 하던 친구가 혼자서 학원을 운영하겠다고 선언한 것이다. 결국, 그는 다시 빈털터리 신세가 되고 말았다. 괴롭고 힘들었지만 3년 동안 요리학원을 운영하면서 나름대로 사업에 관한 성공 노하우를 축적한 걸 위안으로 삼았다.

'그래. 생각이 다르고, 꿈이 다른데 함께 갈 순 없어. 오히려 잘됐어. 이제부터 나만의 사업을 본격적으로 시작해보자.'

그는 몇날며칠을 방에 틀어박혀 새로운 사업을 구상했다. 생각하고 또 생각한 끝에 뭔가가 번뜩하고 떠올랐다. 바로 '죽'이었다.

그는 떨리는 목소리로 아내에게 말했다.

"여보, 우리 죽집을 한 번 해보자. 괜찮을 것 같아."

그러나 아내는 고개를 저었다.

"죽집이요? 죽 먹는 사람은 환자들 아니면 노인들 뿐이잖아요. 그런 사람들을 상대로는 한계가 있어요. 차라리 돈까스나 삼겹살 집을 하는 게 낫지 않을까요?"

"무난한 것보다는 남들이 하지 않는 걸 해야 성공할 수 있어. 지금은 당신 말마따나 환자들이나 노인들 밖에 먹지 않지만 그것을 일반 사람으로 확대하면 충분히 승산이 있어. 우리 함께 해보자. 나를 믿어줘."

그렇게 해서 그는 2002년 9월, 혜화역 인근에 20평 규모의 죽집을 열었다. 상호명은 '본죽'이었다.

그는 이것이 마지막이란 생각으로 열심히 뛰었다. 새벽에 시장에 나가 신선한 재료를 사오고, 역 주변과 인근 병원을 돌며 부지런히 전단지를 돌렸다. 전단지를 돌릴 때는 반드시 정장을 입었다. 본죽에 대한 좋은 이미지를 심어주기 위해서였다. 그러나 생각만큼 매출이 쉽게 오르지 않았다. 하루 종일 움직이고 만들었는데도 고작 십만 원 안팎이었다. 그러나 낙심하지 않았다. 좋은 식자재와 양을 많이 주면 일반인들의 한 끼 식사로도 충분할 거라는 믿음이 있었기 때문이다. 그리고 그 예상은 적중했다.

개업한 지 3개월 정도가 되자 서서히 바빠지기 시작했다. 병원에서도 주문이 왔고, 한 번 먹어본 사람들이 다른 사람들을 끌고 오기 시작했다. 입소문을 타기 시작한 것이다. 급기야 죽을 먹기 위해 길게 줄까지 서는 보기 드문 광경까지 연출되었다.

"여보, 여보. 저 줄 좀 봐요. 우리 죽 먹으려고……."

아내는 너무나 감격해서 눈물을 흘렸다. 그는 아내의 눈물을 닦아주며 농담을 건넸다.

"두 번 다시는 당신 울리지 않으려고 했는데. 오늘 또 울렸네."

본죽은 대나무처럼 쑥쑥 성장했다. 7개월 만에 100호 가맹점을 돌파하더니, 다시 5개월 만에 200호를 넘었고, 창업 7년 만에 1,000호를 넘기는 대기록을 수립했다. 그리고 지금은 죽 사업에 머무르지 않고 비빔밥 사업까지 영역을 넓히고 있다.

이 모든 것은 비록 밑바닥 인생까지 갔지만 좌절하지 않고, 늘 자신의 꿈을 향해 도전하고, 남들과는 다른 시각을 가졌던 그였기에 가능한 것이었다.

그 역시 한때 사업에 실패하고 절망의 순간을 맞았다. 하지만 그 절박한 시간속에서도 희망을 잃지 않았기에 오늘의 김철호가 있는 것이다.

"성공하려면 절박함이 있어야 합니다. 저 역시 수많은 실패와 고난을 겪다보니, 다시는 아내와 아이들을 울리지 않겠다는 절박함이 있었습니다. 그것이 오늘의 저를 만들었습니다."

인생의 '배수진'을 쳐라

밑바닥을 경험하면 꿈과 열망은 힘이 더 강해진다

병법에 '배수진(背水陣)'이란 말이 있다. 이 말은 명장 한신의 일화에서부터 시작한다.

중국 한나라의 첫 번째 황제인 유방에게는 건국의 3걸이라 불리는 충성스러운 부하가 셋 있었다. 장량, 소하 그리고 한신이 바로 그들이다. 그 중 한신은 수많은 싸움에서 승리해 유방이 패권을 쥐고 한나라를 여는데 큰 역할을 했다.

조나라를 공격할 때의 일이다.

유방의 명에 의해 한신은 조나라를 공격할 만반의 전투 태세를 갖췄다. 이 소식을 접한 조나라 왕도 한신과의 대결을 위해 20만 대군을 정형 지역에 집결시켰다.

한신은 군대를 이끌고 조나라 땅으로 들어가 정형에서 30리 정도 떨어진 곳에 진을 쳤다. 그리고 정예의 무장 기병들에게 붉은 깃발을 나눠주며 다음과 같이 지시했다.

"너희들은 숲속에 숨어 있도록 해라. 적이 공격해오면 분명 성벽의 수비를 비울 것이다. 그 틈을 이용해서 성 안으로 들어가 붉은 깃발을 꽂아라."

"예. 장군."

그말과 함께 무장 기병들은 숲속으로 숨어들었다.

한편 정찰병이 "한신의 군대가 강을 등지고 진을 치고 있다"고 하자, 조나라 왕은 한신을 비웃기에 바빴다.

"그래? 참으로 우습구나. 진을 칠 때는 산이나 언덕을 오른편에 두거나 뒤에 두어야 하고, 강은 앞이나 왼편에 두어야 하는데 강을 등지고 진을 치다니……. 참으로 한심한 장군이로다. 명장이라는 말이 다 헛소문이었구나. 머뭇거릴 필요 없다. 지금 당장 한신의 군대를 쓸어버려라."

날이 밝자 조나라 군대가 구름 떼처럼 한신의 군대를 향해 진격해왔다. 그 모습을 본 병사들은 잔뜩 겁을 먹은 채 벌벌 떨었다. 그러자 한신이 비장한 표정을 지으며 병사들을 향해 외쳤다.

"두려워하지 마라! 우리 등 뒤에는 깊은 강이 있어 어차피 뒤로 물러날 수도 없다. 강물에 빠져 죽는 것보다 싸워서 죽는 게 더 명예롭지 않겠느냐! 자, 죽을 힘을 다해 싸워라!"

잠시 후 조나라 군사와 한신의 군사들 사이에 치열한 격전이 벌어졌다. 한신의 군사들은 더 이상 도망갈 곳이 없었기 때문에 목숨을 건 채 맹렬하게 싸웠지만 필사적으로 덤비는 한신의 군대를 참다 못한 조나라 군대는 퇴각하고 말았다. 하지만 조나라의 성은 이미 한신의 명을 받은 무장 기병들이 장악하고 있었다. 결국 혼란에 빠진 조나라 군대는 우왕좌왕하며 뿔뿔이 흩어지고 말았다.

한신의 군대는 수적으로나 전투력에서 조나라 군대보다 열세였다. 하지만 죽을 각오로 싸웠기 때문에 기적과도 같은 승리를 할 수 있었다.

그렇다. 한신은 사람들의 잠재력이 극한 상황일수록 더 발휘된다는 것을 잘 알고 있었다. 그래서 배수진을 치고 전투에 임한 것이다.

사람의 능력은 측정할 수 없는 무한대

'하지 않아서 못한 것이고, 중도에 포기해서 이루지 못한 것이다.'

누구나 의지가 있고, 강력한 동기부여만 있다면 한계와 제약조건을 뛰어넘어 위대한 성과를 거뜬히 얻어낼 수 있다.

중국 남북조 시대 양나라 초대 황제인 무제 때의 일이다.

무제는 각종 책에서 한 자씩 모은 1,000개의 글자를 가지고 있었다. 왕자들을 가르치기 위해 모은 것이다. 그러나 여기저기에서 모아놓은 것이었기 때문에 제대로 된 문장이 아니었다.

그 당시, 주흥사라는 학자가 죄를 짓고 사형선고를 받았다.

그 사실을 안 무제는 주흥사를 불렀다. 주흥사를 죽이기에는 그의 학식과 재능이 아까웠기 때문이다.

"내가 네게 살 길을 열어주겠다."

"황제 폐하, 감사합니다."

"조건이 있다. 이 1,000개의 글자를 한 자도 중복되지 않게 이어서 문장을 만들도록 해라. 그러면 너의 죄를 사면시켜주겠노라. 시간은 단 하루다."

"단 하루만에요? 어찌 그것을 단 하루 만에 한단 말입니까?"

"죽고 안 죽고는 네가 선택하는 것이다. 할 말을 다 했으니 썩 물러가라."

주흥사는 지체할 시간이 없었다. 1,000개의 글자를 이리저리 조합하고 정리하며 문장을 만들기 시작했다.

주흥사는 하얗게 밤을 지새며 열중했다. 이 일을 끝내지 않으면 기다리는 건 죽음 밖에 없었다. 단 하루 만에 한 자도 중복되지 않고 새로운 문장을 만든다는 건 거의 불가능한 일이었지만 그는 마침내 1,000자의 글자를 한 구가 4자로 이루어진 250개의 문장으로 만들어냈다. 그게 바로 '천자문(千字文)'이다.

주흥사가 완성한 문장을 보고 무제는 놀라움을 금치 못했다.

'정녕 이것을 단 하루 만에 했단 말인가!'

결국, 주흥사는 죽음을 면할 수 있었다.

후세 사람들은 주흥사가 밤새도록 그 문장을 만드느라 고심하고 집중한 나머지 하룻밤 사이에 주흥사의 머리털이 하얗게 새었다고 해서 천자문을 '백수문(白首文)'이라고 부르기도 한다.

아마도 주흥사에게 '반드시 살아야겠다'는 절박함이 없었다면 하룻밤 사이에 천자문을 만들 수 없었을 것이다. 죽을 힘을 다했기에 살 수 있었고 위대한 문장을 만들 수 있었던 것이다.

집념은 모든 것을 가능하게 한다

현대그룹 창업주 故 정주영 회장은 무슨 일이든 한 번 발을 담그면 죽을 힘을 다해 성과를 이뤄내라고 강조했다.

"열아홉 살 때 인천에서 막노동을 할 때였다. 노동자 합숙소는 밤이면 들끓는 빈대로 잠을 잘 수가 없을 지경이었다. 빈대를 피하기 위해 밥상 위로 올라가 잤는데 빈대가 밥상 다리를 타고 올라와 물었다. 할 수 없이 밥상 네 다리에 물을 담은 양재기를 하나씩 고여 놓고 잤다. 그러나 여전히 빈대가 온 몸을 물어뜯었다. 생각대로라면 상다리를 타고 기어오르다가 양재기 물에 빠져 죽었어야 했다, 궁금해서 불을 켜고 살펴 본 순간 기가 막혀 말이 나오지 않았다. 빈대들이 벽을 타고 천장으로 올라가 사람을 향해 툭 툭 떨어지고 있었기 때문이다. 한갓 미물도 목적을 위해 저토록 머리를 쓰고 죽을 힘을 다하는데, 나는 뭔가 라는 생각이 들었다."

회사 일이든, 공부든, 최선을 다한 적이 있는가? 또 죽을 힘을 다해서, 죽을 각오로, 갖고 있는 에너지를 100% 발산한 적이 있는가?

성공과 실패가 주위의 환경이나 상황에 많이 좌우될 수도 있지만 1차적인 원인은 전적으로 자기 자신에게 달려 있다. 최선을 다한 사람은 그에 합당한 결과를 분명 얻게 된다. 설령, 실패를 한다고 해도 후회나 미련은 없다.

꿈을 이루게 하는 두 가지 요소, 욕망과 열정

꿈을 이루고자 하는 사람들의 가슴속엔 간절한 '욕망'과 뜨거운 '열정'이 있다.

다이아몬드와 돌멩이가 앞에 놓여있다고 하자. 둘 중 하나를 선택할 기회가 주어진다면 어떤 것을 선택할 것인가? 바보가 아닌 다음에야 누구나 다이아몬드를 선택할 것이다.

누구나 다 물질에 대한 욕심이 있다. 물질뿐이겠는가. 행복, 여유, 사랑 등 보이지 않는 정신적인 것도 남보다 더 많이 갖고 싶은 것이 사람 마음이다.

이를 다른 말로 표현하면 '욕망'이라고 할 수 있다. 욕심과 욕망은 사람의 본능이다. 이는 지나치면 해가 되지만 긍정적인 측면에서 보면 발전을 꾀할 수 있는 아주 강력한 힘의 원천이 되기도 한다.

사실, 인간의 행동은 욕망으로부터 시작된다고 해도 과언이 아니다. TV를 보겠다는 욕망이 있기에 눈을 뜨자마자 리모컨을 챙기고, 부자가 되고자 하는 욕망이 있기에 회사에 나가거나 로또를 산다. 또 똑똑해지고자 하는 욕망이 있기에 공부를 하고 책을 읽는 것이다.

욕망이 없는 사람은 게을러지고, 무슨 일이든 소극적이며 동기의식이 부족해지기 쉽다. 그러나 욕망을 제대로 발산하면 코뿔소와 같은 저돌적인 힘을 발휘하게 돼 큰 성과를 얻을 수 있다.

그런 면에서 아프리카 초원은 욕망의 싸움터이다. 쫓고 쫓기는 상황에서 누가 더 욕망이 강하느냐에 따라 목숨이 좌지우지되기 때문이다. 쫓는 사자가 쫓기는 사슴보다 욕망이 강하면 사슴을 끝내 잡아먹을 것이고, 힘은 약하지만 살겠다는 욕망이 강한 사슴이라면 사자를 따돌릴 것이다.

인간 사회 역시 마찬가지다. 꿈과 성공에 대해 욕망이 큰 사람이 그렇지 못한 사람보다 더 많은 것을 이루어낼 수 있다.

욕망 못지않게 중요한 것이 바로 '열정'이다. 독일의 철학자 헤겔은 열정의 중요성을 다음과 같이 강조했다.

"이 세상의 어떤 위대한 것도 열정 없이 이루어진 것은 아무것도 없다."

열정은 위대한 성과를 이루는 기초이며 도전과 모험을 이끌어내는 자양분이다. 또한 실패의 구렁텅이에 빠졌을 때 꿈을 향해 다시 달려갈 수 있게 하는 재기의 기회이자, 자신이 진정 원하는 것을 향해 끝까지 물고 늘어지는 끈기이기도 하다.

마음 속을 들여다보라.

분명, 꺼지지 않는 그 뭔가가 우리의 가슴을 여전히 뛰게 하고 있을 것이다.

가축에게 짓밟혀 쓰러졌던 보리도

마침내 다시 일어선다.

이슬을 맞고, 햇빛을 쐬고,

대지에 짓이겨 뭉개졌던 줄기도 다시 일어선다.

처음에는 감당하기 어려운 무게로

녹초가 되어버린 사람처럼 허리를 굽히고 있지만

끝내 기운을 되찾아 다시 머리를 들어올린다.

태양은 또다시 떠오르고 살랑살랑 바람이 불어온다.

인간의 삶도 이와 같은 것이다.

– 미하일 숄로호프

1%의 희망만 있어도
충분히 도전할 가치가 있다

'차라리 죽어버렸더라면 좋았을 것을……'

한때 이렇게 생각한 적도 있다. 그러나 99%가 절망으로 뒤덮여있다고 해도, 단 1%의 희망만 있다면 살아야 하는 게 인생 아니던가. 그 1%의 희망을 믿고, 나는 살아왔다.

조서환! 그에게 있어 20대는 악몽과도 같은 시간이었다. 아니, 차라리 그 악몽을 끝으로 세상과 등지고 싶었다. 그러나 살아야 했다. 밝은 태양 앞에서 부끄러운 일은 하고 싶지 않았다. 아픔과 상처도 어차피 인생이지 않던가.

그는 군인이 되고 싶었다. 그래서 배가 고픈지도 모르고 아침부터 저녁까지 나무로 만든 총을 들고 아이들과 함께 골목을 이리저리 뛰어다니며 놀았다.

"대장님, 적군이 오고 있습니다."

"도망가면 안 된다. 끝까지 싸워야 한다. 내가 앞장서겠다. 나를 따르라!"

어린 조서환은 주로 대장 노릇을 했다. 씩씩하고 자신감이 넘쳤기 때문에 남들 앞에 나서는 게 자연스러웠고, 또한 똑똑하고 야무져서 아이들이 잘 따랐다.

고등학교 졸업을 얼마 앞두고 그는 아버지에게 진지한 표정으로 말했다.

"아버지, 저 군인이 되고 싶습니다. 이 나라와 국민을 지키는 늠름한 지휘관이 되고 싶어요."

"그래. 네 뜻이 그렇다면 말릴 생각은 없다. 반드시 부끄럽지 않은 군인이 되거라."

그렇게 해서 고등학교를 졸업한 후 바로 3사관학교에 입학했고, 훈련을 받은 후 소위로 임관했다.

모자와 어깨에 달린 소위 배지를 보니 감회가 새로웠다.

'드디어 내가 진짜 군인이 되었구나. 열심히 해서 별을 단 장군이 되자.'

한 번 목표를 정하면 그 목표를 이룰 때까지 최선을 다하는 성격이었던 그는 활달하고 리더십이 강해 부대에서도 일명 '똑소위'로 불렸다. 그만큼 모든 일을 완벽하게 소화해냈다.

그러던 어느 날, 악몽의 그림자가 서서히 그에게 다가왔다.

수류탄 투척 연습이 있던 날이었다.

어디선가 갑자기 '쾅'하고 엄청난 굉음이 났다. 수류탄이 터지고 만 것이다. 순간, 세상은 고요했다. 적막감마저 들었다. 그리고 잠시 후 여기저기서 비명소리가 울려 퍼졌다.

"사람 살려. 의무병! 의무병!"

"소대장님!"

의식이 점점 희미해져 가던 순간, 누군가의 목소리가 들려왔다.

"조 소위! 조 소위! 정신 차려, 조 소위!"

그는 혼미해진 정신을 가다듬으며 힘겹게 눈을 떴다.

"전 괜찮습니다. 다른 사람들은 어떻게 됐습니까?"

"지금 다른 사람이 문제가 아니야. 조 소위, 지금 자네 큰 부상을 당했어. 오른쪽 팔이……."

그는 고개를 돌려 오른팔을 바라보았다. 팔꿈치 아래로 아무것도 보이지 않았다. 그리고 그대로 정신을 잃고 말았다.

이 나라를 지키는 늠름한 장군이 되겠다던 스물세 살 청년의 꿈은 그렇게 하루아침에 산산이 부서지고 말았다.

전역 후 그는 대학에 진학해 영문학을 전공했다. 오른팔이 없었지만 그렇다고 기죽지 않았다. 스스로 떳떳하게 행동하지 않으면 분명 남들이 자기를 무시할 거라는 생각에 오히려 남들 앞에 나서기를 주저하지 않았다.

대학생활은 큰 불편함은 없었다. 나이 어린 동기들이 잘 따라주었고, 사랑하는 사람을 만나 가정까지 꾸리게 되었다.

문제는 취업이었다. 부양할 가족이 있었기 때문에 하루빨리 취업을 해야 했지만 생각처럼 쉽지 않았다.

영어 실력도 뛰어나고, 취업 준비도 꼼꼼히 했기 때문에 서류전형과 필기시험은 무난히 합격했다. 그러나 최종면접이 늘 문제였다.

"35번! 들어오세요."

그는 항상 당당하고 씩씩하게 자기소개를 했다.

"안녕하십니까. 35번 조서환입니다."

면접관들은 그를 위아래로 훑어보면서 이것저것 질문을 해왔다. 까다롭고 어려운 질문이 많았지만 그는 막힘없이 척척 대답했다. 하지만 면접관들은 뭔가 찜찜한 표정을 지었다. 바로 그의 오른쪽 팔 때문이었다.

한 면접관이 그에게 조심스럽게 말을 걸었다.

"그런데 조서환 씨, 오른쪽 팔이 불편한 것 같네요. 그 몸으로 일을 하실 수 있겠어요?"

"예. 비록 불편한 몸이지만 이제까지 다 잘해왔습니다. 앞으로도 잘할 자신이 있습니다."

"…… 잘 알았습니다. 나가보세요. 연락드리겠습니다."

면접장을 나온 그는 이번에는 합격할 것이라고 자신했다.

며칠 후 면접을 본 회사에서 연락이 왔다. 그러나 이번에도 역시 불합격이었다. 최종면접에서 또 떨어진 것이다. 벌써 열 번도 넘었다.

그는 그 자리에 주저앉아 꺽꺽대며 눈물을 삼켰다. 혹시라도 아내가 들을까봐 소리도 내지 못한 채 그렇게 절망과 아픔을 가슴 속에 묻어야 했다.

다시 힘을 내 다른 회사에 면접을 봤지만 역시나 오른팔이 문제였다. 하지만 더이상 물러설 수 없었다. 이런 식이라면 100군데, 아니 1,000군데를 면접 본다고 해도 달라질 게 없다는 생각이 들었다.

그는 면접장으로 뛰어 들어갔다. 그리고 면접관들을 향해 외쳤다.

"죄송합니다. 하지만 이 말은 꼭 해야겠습니다. '국가유공자 대우' 한다는 말은 다 거짓입니까? 전 이 팔을 국가에 바쳤습니다. 그래서 떳떳하고 당당합니다. 그리고 일은 팔로 하는 게 아니라 머리로 하는 것입니다. 저는 누구보다도 더 잘할 수 있습니다."

찬물을 끼얹은 것마냥 조용했다.

침묵을 깬 것은 가운데 앉은 중년여성이었다.

"좋습니다. 실력뿐만 아니라 당당함도 합격입니다. 내일부터 출근하세요."

그렇게 해서 그는 애경그룹에 입사할 수 있었다. 그를 뽑은 중년여성은 바로 장영신 회장이었다.

장애인이라는 신분 때문에 직장생활이 많이 힘들었지만 편견과 조롱을 뛰어넘을 수 있었던 건 오직 실력뿐이었다. 그는 남들보다 더 많이 뛰었고, 더 열심히 공부했다. 그 결과, 초고속 승진을 거듭해서 서른 중반에 임원까지 오르게 되었다.

'이거다' 싶으면 밀고 나가는 배짱도 있었다.

"회장님, 결재해주십시오. 이건 틀림없이 성공합니다."

"벌써 몇 번쨌가? 이번이 열두번째야. 그토록 많이 퇴짜를 놨으면 그만 둬야지. 왜 이렇게 고집을 부리나? 이 샴푸는 안 된다니까."

"아닙니다. 분명이 됩니다. 만약 실패하면 제가 아파트를 내놓겠습니다. 믿고 결재해주십시오."

"허~참."

그렇게 해서 세상에 나온 '하나로 샴푸'와 '2080 치약'은 타사 제품을 압도했다. 공전의 히트를 기록하며, 6개월 만에 시장을 석권했다. 멈출 줄 모르는 그의 열정과 도전정신이 낳은 결과였다. 그러자 세상이 그를 인정하기 시작했다. 한때는 그의 오른팔을 문제삼아 취업도 시켜주지 않던 사람들이 그를 부러워하기 시작했다. 그야말로 격세지감이었다.

2001년, 그는 KTF로 스카우트 되었다. 그곳에서도 그의 열정과 도전정신은 통했다. 이동통신 브랜드 '드라마'와 'NA'를 연속해서 히트시켰고, 그에 힘입어 상무와 전무를 거쳐 부사장까지 직책이 올라갔다. 그리고 지금은 화장품 관련 회사의 대표이사로 재직 중이다.

그는 한 언론과의 인터뷰에서 이렇게 말했다.

"힘들고 안 힘들고는 마인드 컨트롤이 가장 중요하다고 생각해요. 힘든 일이 생기면 '나한테 더 큰 일을 주시려고 하나 보다' 라는 생각이 들어 더 힘이 나고 편해져요. 한 번은 회사에서 해고를 당한 친구가 저를 찾아와서 힘들다는 얘기를 한 적이 있는데, 그때 제가 그랬어요. '염려하지 말라'고, '얼마나 좋은 기회인지 생각해보라'고요."

　장애와 단점 앞에서 절망하지 않고 오히려 그것을 발판 삼아 무수한 성과를 만들어낸 열정과 긍정의 사나이 조서환. 그는 어디에 있든, 무슨 일을 하든 늘 빛나는 존재가 될 것이다. 늘 그래왔던 것처럼.

생각한대로 이루어진다

시련은 운명을 바꿀 수 있는 둘도 없는 소중한 기회

「내일은 비가 내릴 것으로 보이니 외출할 때 꼭 우산을 챙기시기 바랍니다.」

내일 날씨가 궁금하면 일기예보를 보면 된다. 그러면 날씨를 알 수 있어 뜻밖의 날씨에 대비할 수 있다.

「내일 앞차와 접촉사고가 발생할 예정입니다. 그러니 차를 가져가지 마십시오.」

우리의 인생도 일기예보처럼 누군가가 앞으로의 삶에 대해 미리 귀띔을 해준다면 얼마나 좋을까. 그러면 불행을 피해갈 수 있을 텐데. 하지만 삶에는 그런 예보 시스템이 없다. 그 누구도 한 치의 앞을 장담할 수 없다.

인생은 어디로 튈지 모르는 럭비공과도 같다. 살다보면 뜻하지 않는 불행이 한순간 눈앞에 펼쳐지곤 한다. 그런 일이 우리 앞에 일어났다고 하자.

당신은 어떻게 할 것인가? 그 상황 앞에 좌절하며 평생을 눈물의 늪에 빠져 허우적거릴 것인가? 아니면, 누구에게나 일어날 수 있는 일이라고 생각하며 대수롭지 않게 넘길 것인가? 물론 불행과 맞닥뜨렸을 때 그 순간은 몹시 당황스럽고 혼란스러울 것이다. 또 한숨이 나오고 좌절할 것이다. 'Why me! 왜 하필이면 재수없게 나일까!'라며 하늘을 원망하고 주위 사람들을 미워할 수도 있다.

하지만 분명한 건 '영원한 불행은 없다'는 것이다. 비록 지금은 불행이 끝날 것 같지 않고, 희망이나 행복이 아예 물 건너 간 것처럼 보이지만, 시간이 지나면 어느새 불행은 자취를 감추고, 그 자리를 행복이 채우고 있음을 알게 된다. 낮과 밤이 교차하듯 우리의 인생 역시 불행과 행복이 교차할 따름이다. 봉우리가 있으면 골짜기가 있듯 불행 뒤에는 반드시 행복이 온다는 걸 잊지 말아야 한다.

외상 후 스트레스 증후군 VS 외상 후 성장 증후군

불행한 상황을 떨쳐버리지 못하고 그 기억속에서 고통 받으며 사는 사람들이 있다. 그 사람들의 증상을 가리켜 '외상 후 스트레스 증후군(Post Traumatic Stress Disorder - PTSD)'이라고 한다.

그런 기억을 깨끗이 지우기란 쉬운 일이 아니다. 그러나 불행한 과거로 인해 현재가 지배당하고 있다고 해서 너무 걱정하지마라.

다행히 인간은 생존 이상의 본능인 '희망 본능'을 가지고 있다.

어두운 땅속에 박힌 식물이 빛을 향해 줄기를 뻗듯 절망 속에서 오히려 강렬한 희망의 기운이 솟구친다. 그것이 바로 인간의 힘이다. 언젠가는 분명 좋은 날이 온다.

불행과 시련을 오히려 성장의 발판으로 삼는 사람들도 있다. 이를 '외상 후 성장 증후군(Post Traumatic Growth - PTG)'이라고 하는데, 그 사람들은 모든 것들을 좋은 경험으로 받아들인다.

그들은 삶이 뜻대로 되지 않더라도 결코 좌절하지 않고 언젠가 다시 최고의 자리에 오를 것이라는 믿음을 가지고 있다. 그런 긍정적인 생각이 정신을 지배하는 순간 삶 역시 긍정적인 삶으로 바뀐다.

메이저리그에서 활약하고 있는 조시 해밀턴이라는 선수가 있다. 〈USA 투데이〉와 〈베이스볼 아메리카〉 등의 언론매체들에 의해 2000년 최고의 유망주로 뽑히기도 했던 그는 메이저리그에서 활약도 해보기 전에 끔찍한 사고를 당하고 말았다. 시즌을 앞두고 가족과 함께 차를 타고 가다가 그만 교통사고를 당한 것이다. 그 사고로 인해 그는 등과 허리에 심각한 부상을 입었다. 그러나 그를 고통스럽게 만든 것은 따로 있었다.

'내 야구 인생이 여기서 끝나나 보다' 라는 불안감과 '왜 하필 나일까?'라는 생각이 더욱 그를 고통스럽게 만들었다. 그는 마음의 고통을 잊기 위해 술과 마약을 하고 온몸에 문신을 새기는 등 인생의 나락으로 점점 빠져들었다. 자살 시도도 몇 차례나 했다.

그러던 어느 날, 문득 이런 생각이 들었다.

‘지금 내가 왜 이러지? 나는 지금 나와 나를 사랑하는 사람들을 죽이고 있어. 바보처럼 왜 거기에 계속 머물러 있는 거지?’

용기를 얻은 그는 얼마 후 다시 방망이를 잡았다. 그리고 술과 마약의 유혹에서 벗어나기 위해 더욱더 연습에 몰두했다.

생각을 바꾸니 인생이 술술 풀렸다. 해밀턴은 2007년 시범경기에서 타율 4할3리를 기록하며 모두를 놀라게 하더니, 2010년에는 133경기에서 타율 3할5푼9리에 홈런 32개, 타점 100개를 기록하며 아메리칸 리그 MVP로 뽑혔다.

또 한 명의 인물이 있다. 바로 뚜르 드 프랑스 사이클 경주 대회 7연패의 주인공 ‘랜스 암스트롱’이다.

그는 1996년 세계 선수권 대회를 앞두고 생존율이 50% 이하인 고환암 진단을 받았다. 한쪽 고환을 떼어냈지만 암이 뇌까지 퍼져 생존 확률은 무척 낮았다. 그러나 그는 뇌 일부를 도려내는 대수술을 받은 후 주위의 만류에도 불구하고 다시 사이클을 탔다. 그리고 마침내 지옥의 레이스라 불리는 뚜르 드 프랑스 대회에서 우승을 거머쥐었다.

조시 해밀턴과 랜스 암스트롱에게 불행과 시련은 고통을 안겨준 동시에 삶에 대한 애착과 도전의식을 강하게 불러일으키는 일종의 자극제 역할도 했다.

삶은 우리에게 도전을 강요한다

‘나는 왜 남들처럼 성장하지 못할까?’라는 의문이 든다면 그 이유는 간단하다. 지금까지 살아온 방식을 버리지 못했기 때문이다.

성장이란 앞으로 나아가는 것이다. 그러기 위해선 먼저 등 뒤에 매달린 과거의 것들은 과감히 떨쳐버려야 한다. 많이 버린 사람은 그만큼 많은 양의 성장을 채울 수 있다.

삶은 늘 우리에게 도전을 강요한다. 인간이 완벽하다면야 자신에게 닥친 모든 것들이 두려움도 없고 도전으로 느껴지지 않겠지만, 인간은 신처럼 완벽하지 않다. 단점과 오류투성이다. 그래서 뭔가를 시작해야 할 때는 늘 두렵기 마련이다.

흔히 도전 앞에서 인간은 두 부류로 나뉜다. 그것을 피해가는 사람과 정면으로 부딪치는 사람. 도전을 피해가면 당장은 편할지 모르지만 발전 없는 삶이 되고 만다. 그와 반대로 도전에 부딪치면 자신의 한계와 단점을 극명하게 느낄 수 있다. 정신적, 육체적 고통도 뒤따른다. 하지만 분명 의미 있는 일이다.

도전하겠다는 그 마음에서 이미 자신감을 얻었고, 그 자신감은 분명 좋은 결과를 낳기 때문이다. 한계와 단점은 오기를 불러일으키고 그것을 보완할 새로운 기회를 찾는 계기가 될 수도 있다.

세계적인 축구영웅 리오넬 메시는 자신의 한계와 단점을 오히려 장점으로 만들었다.

"나는 열한 살 때 충격적인 사실을 알았다. 성장 호르몬의 이상으로 키가 더 이상 자라지 않는다는 것이다. 축구선수에게 매우 불리한 상황이었지만 오히려 그것이 나를 더 강하게 만들었다. 나는 더 날쌔고, 공을 공중으로 띄우지 않는 기술을 연마했다. 단점이 장점

으로 변한 것이다. 그리고 지금은 누구도 내 공을 함부로 빼앗을 수
없을 뿐만 아니라 어떤 상황에서도 골을 넣을 수 있다."

불행과 시련에 대처하는 자세

인생을 크고 길게 보라

하버드대 에드워드 밴 필드 박사는 성공과 행복을 결정짓는 핵심
요소로 '시간전망(Time Perspective)'이라는 이론을 발표했다.

시간전망이란 지금의 행동과 의사결정이 미래에 끼칠 영향력을
말한다. 뭔가를 성취하기 위해선 과거의 시간에 머물거나 눈앞의 이
익만을 좇지 말고 멀리 보고 길게 봐야 한다는 것이다. 즉, 시간전망
이 길수록 성공과 행복의 비율은 높아진다.

불행과 시련이 닥쳤을 때, 그 시간 속에 갇혀 있지 말고 인생을 크
고 길게 보라. 그러면 시련이 한낱 지나가는 바람처럼 느껴질 것이
다. 또 바람이 지나간 뒤엔 따뜻한 햇살이 비추는 봄날이 온다는 걸
안다면 시련 앞에서도 당당해질 수 있다.

시인 헬렌 슈타이너 라이스(Helen Steiner Rice)의 '인생의 코너길'
이라는 시를 통해 시련 극복의 길을 찾을 수 있길 바란다.

우리는 지금 삶의 교차로에 서 있네.

이제 우리 삶은 종착역에 다다랐다고 생각하네.

그러나 아직 삶은 끝나지 않았다네.

신은 우리를 위해 더 큰 그림을 준비해놓으셨네.

지금 우리는 잠시 삶의 코너를 돌고 있을 뿐.

신이 우리를 위해 마련한 길은

끝없이 이어지는 부드러운 길,

그 길 위에서는 노래 부르는 것을 잠시 쉬어도 좋으리.

노래하지 않고 가는 그 길,

어쩌면 인생의 가장 달콤하고 풍요로운 부분일지도.

그러니 느긋하게 휴식을 취하세.

그럼으로써 더 강해지네.

자신감 넘치는 상상을 하라

시련이나 불행을 극복하는 가장 강력한 수단은 바로 자신감이다. 따라서 '반드시 극복할 수 있다'는 자신감을 끊임없이 품어야 한다. 자신감을 잃는다면 스스로에게 소홀해지고 삶의 의욕마저 놓치게 된다.

모든 사람들은 최고의 능력을 갖고 태어난다. 구름 속에 가려져 있지만 분명 위대한 태양은 존재하지 않는가. 우리는 태양과도 같다. 자신을 믿고 자신의 능력을 믿어야 한다.

잠들기 전 자신감 넘치는 상상을 해보자. 미래에 대한 기대감과 설렘으로 머릿 속을 가득 채운다면 그 잠재의식은 일종의 명령이 되어 긍정적인 행동을 끌어낼 것이다.

자기 암시법의 최적의 활용법은 '반복'에 있다.

하루도 거르지 말고, 가능하면 많은 시간 자기 긍정에 대한 최면을 걸어라.

오, 인간이여.

그대가 약하든 강하든 쉬지 마라.

혼자만의 고투를 멈추지 마라. 계속하라. 쉬지 말고.

세상은 어두워질 것이고 그대는 불을 밝혀야 하리라.

그대는 어둠을 몰아내야 하리라.

오, 인간이여.

생이 그대를 저버려도 멈추지 마라.

- 마하트마 간디

진정한 프로는 땅볼을 쳐도
최선을 다해 달려야 한다

9회말 6대 6 상황에서 주자는 1루와 2루.

타석에는 대타 양준혁이 들어섰다. 관중들은 일제히 일어나 '양준혁'을 외쳤다. 안타 한 방이면 모든 것이 다 끝나는 상황이었다.

양준혁은 크게 한숨을 내쉬며 방망이를 반듯하게 세웠다. 그의 표정은 비장했다.

초구는 스트라이크. 두 번째는 볼이었다.

잠시 후 투수의 손에서 세 번째 공이 떠났다. 양준혁은 날아오는 공을 보며 '이거다' 싶어, 이를 악물고 힘차게 방망이를 휘둘렀다.

딱! 소리와 함께 용수철처럼 공이 튀어나갔다. 좌익수 왼쪽으로 빠지는 안타였다. 관중들은 환호성을 지르며 연신 '양준혁'을 외쳐 댔다. 반면 상대팀 응원석은 찬물을 끼얹은 듯 조용했다.

그러는 사이 2루 주자와 1루 주자가 연속 홈을 밟았다. 팽팽했던 경기는 양준혁의 안타로 인해 승패가 갈렸다. 그런데 그때 갑자기 우뢰와 같은 박수소리가 쏟아졌다. 경기가 끝났음에도 불구하고, 양준혁이 있는 힘껏 2루를 향해 전력질주하고 있었기 때문이었다.

양준혁은 2루 베이스를 밟은 후에야 손을 번쩍 들었다. 이미 경기는 끝났지만, 그에게 경기는 바로 지금 끝난 것이었다.

경기가 끝난 후 기자들이 양준혁에게 물었다.

"그나저나 늘 한결 같아요."

"뭐가요?"

"달리는 거요. 이미 승리가 확정되었는데 굳이 2루까지 그렇게 열심히 달릴 필요 없잖아요."

"그게 무슨 소리죠. 달려야지요, 죽기 살기로 달려야죠. 중간에 멈춘다면 그건 진정한 프로가 아니지요. 안 그래요?"

"하여간 대단해요. 그래서 사람들이 양 선수를 좋아하나봐요."

돌아보면 양준혁은 늘 그랬다. 투수 앞 땅볼을 쳐도 아웃이란 걸 알면서 1루까지 죽기 살기로 뛰었다.

1993년 LG트윈스와 플레이오프 2차전 경기에서도 마찬가지였다.

2대 2로 맞선 8회 초. 당시 양준혁은 왼쪽 다리 부상으로 인해 정상적인 컨디션이 아니었음에도 불구하고 절뚝거리며 타석에 들어섰다. 감독도 선수 교체를 하려고 했지만 양준혁이 끝내 할 수 있다고 고집을 피워 할 수 없이 물러섰다. 사실 그를 대신해서 내세울 만한 선수도 없었다.

주자 만루에 원아웃 상황. 안타를 치면 팀을 승리로 이끌 수 있지만 자칫 내야 땅볼이라도 치면 병살타로 이닝이 마무리될 상황이었다.

투수는 왼발을 들어 올려 투구 폼을 잡더니 이내 공을 던졌다. 양준혁은 상체를 살짝 흔들며 방망이를 힘껏 내둘렀다. 그러나 공은 2루수 앞으로 떼굴떼굴 굴러갔다. 누가 봐도 병살타가 뻔했다.

2루수는 2루로 뛰어가는 주자를 먼저 아웃시킨 후 다시 공을 1루를 향해 던졌다. 그 사이 3루 주자는 홈을 밟았다. 그대로 양준혁이 1루에서 아웃된다면 점수를 내지 못한 채 이닝이 끝나는 상황이었다. 하지만 양준혁은 아픈 다리를 끌며 최선을 다해 1루를 향해 뛰었다. 심한 통증이 느껴졌지만 멈출 수 없었다.

결국 승리는 포기하지 않는 자에게 돌아갔다. 양준혁이 공보다 먼저 1루 베이스를 밟은 것이다. 관중들은 '양준혁'을 외치며 열광했다.

그가 중학교 시절 프로야구가 출범했다. 그러자 그전까지는 야구가 그저 좋아서 했던 그에게도 프로야구 출범을 계기로 뚜렷한 목표가 생겼다.

'난 반드시 삼성라이온즈 선수가 될 거야.'

대구 출신이었기에 그는 당연히 대구를 연고지로 한 삼성라이온즈에 입단하는 게 꿈이었다. 그 날 이후 그는 더욱 열심히 운동했고 실력 또한 나날이 발전해갔다.

대구상고 2학년이 된 그는 어느 날, 당시 삼성라이온즈 감독을 찾아갔다.

"감독님, 저는 양준혁이라고 합니다."

"아, 알고 있네. 대구상고 4번 타자지? 그런데 무슨 일인가?"

"삼성라이온즈에 꼭 입단하고 싶습니다. 저를 받아주십시오."

"허허. 그 녀석 당돌하네. 여긴 프로야. 좀 더 실력이 필요해. 대학 졸업하고 오면 받아줄테니, 그때까지 열심히 실력을 쌓도록 해. 알았지?"

양준혁은 감독의 말을 믿고 대학에 입학했다.

그는 프로야구 선수가 되겠다는 일념 하나로 매 경기마다 최선을 다했다. 그리고 점점 강타자로 성장해갔다. 하지만 그에게 기회는 오지 않았다. 삼성라이온즈에서 다른 선수를 지명한 것이다.

'이 정도 실력이면 충분하지 않나? 도대체 뭐가 문제지?'

왠지 모를 배신감을 느끼기도 했지만 어쩔 수 없었다. 인정해야만 했다.

얼마 후 다른 팀에서 스카우트 제안이 왔다.

"양준혁 선수, 우리 팀으로 오게. 자네가 원하는 만큼 돈을 주겠네."

"죄송합니다. 저는 가지 않겠습니다."

"왜 그러나? 최고의 대우를 해준데도."

"돈 문제가 아니라 저는 가고 싶은 구단이 따로 있습니다. 바로 삼성라이온즈입니다."

"거기서 자네를 받아주지 않았잖아?"

"제 실력이 부족한 탓이죠. 전 반드시 삼성라이온즈에 입단할 겁니다. 죄송합니다."

이듬해 그는 마침내 삼성라이온즈 유니폼을 입게 되었다. 그러나 당시 그는 방위로 군복무를 하고 있는 상황이었다. 때문에 원정경기는 뛸 수 없었고, 오직 대구 홈경기 그것도 야간경기만 뛸 수 있었다.

그럼에도 불구하고, 그는 놀라운 기록을 세웠다. 타격 1위, 출루율 1위, 장타율 1위, 홈런 2위, 타점 2위, 득점 2위에 올라 야구 관계자들은 물론 야구팬들을 깜짝 놀라게 했다. 경기를 절반 밖에 못 뛰었는데도 타격 전 분야에서 선두권을 차지했기 때문이다. 그리고 그해, 해태타이거즈의 이종범과의 경쟁 끝에 신인상을 수상했다. 대한민국 프로야구 사상 신인으로서 타격왕을 차지한 것은 지금까지도 그가 유일하다.

그러나 그에게도 슬럼프가 찾아왔다. 그것도 하필이면 2002년 한국시리즈에서 팀이 우승을 했을 때였다.

프로 데뷔 후 처음으로 맛보는 우승이었다. 그러나 마냥 기뻐할 수만은 없었다. 바로 9년 연속 3할 타율의 신화가 깨졌기 때문이다. 그의 성적은 예전만 못했다.

"서른 중반이 가까워지니, 이제 힘이 떨어졌나봐."

그의 귓가에 이런 소리가 들려왔다. 정신이 번쩍 들었다. 그 동안의 명성과 앞으로 이어나갈 명예를 멈추고 싶지 않았다.

'그래. 지금이야말로 승부수를 던질 때야. 처음부터 다시 시작하

자.'

벼랑 끝에 선 기분으로 그는 동계훈련에 참가했다.

훈련 첫날 아침. 그는 거울 앞에 섰다. 자신의 상태를 냉정하게 바라볼 필요가 있었기 때문이다.

'그래. 준혁아. 그 동안 고생했다. 그런데 이대로 끝낼 순 없잖아. 물론 몸이 예전 같지 않다는 건 잘 안다. 방망이를 휘두르는 속도도 떨어지고, 지난 날의 명성 때문에 마음이 나태해진 것도 사실이다. 그래. 인정할 건 인정하자.'

자신을 버리고 과거를 버리니 오히려 마음이 홀가분해졌다. 그는 배트 스피드를 높이기 위해 틈만 나면 방망이를 휘둘렀다. 그러다가 우연히 신인상을 받았을 때의 사진을 보게 되었다. 그 순간, 그의 눈이 번쩍 뜨였다.

'어, 만세를 부르고 있네. 내가 이런 폼으로 공을 쳤었나? …… 그래. 바로 이거야!'

최고의 기량을 발휘했던 신인시절의 타격 폼으로 되돌아간다면 분명 한 번 더 도약할 수 있을 거라는 확신이 들었다.

그 때부터 그는 스윙을 할 때 왼팔을 하늘을 향해 치켜드는 일명 '만세 타법'에 매달렸다. 만세 타법이 몸에 딱 달라붙을 때까지 수천 번이고 수만 번이고 방망이를 휘둘렀다. 옆에서 지켜보던 선배가 쉬었다 하라고 해도 훈련을 멈추지 않았다.

"준혁아, 오늘은 그만해. 손바닥 다 벗겨지겠다."

"아닙니다. 명품이 그냥 머물러 있으면 사라지잖아요. 매년 신상품을 만들어야만 진짜 명품이죠."

'만세 타법'은 그런 혹독한 훈련을 통해 비로소 완성될 수 있었다.

그리고 다음 시즌. 양준혁은 최고의 시즌을 보냈다. 누구에게나 찾아올 수 있는 시련을 오히려 기회로 만든 것이다.

마침내 그는 통산 최다타수(7천325타수), 최다홈런(351개), 최다안타(2천318개), 최다타점(1천389개), 최다득점(1천299개) 등 한국 프로야구사의 대기록들을 세우며, 프로야구의 살아있는 전설 '양신'으로 등극했다.

18년 동안의 프로야구 생활을 접고 은퇴를 하던 날, 기자가 그에게 물었다.

"사람들에게 어떤 사람으로 기억되길 바랍니까?"

그는 머리를 긁적거리더니, 잠시 후 미소를 지으며 말했다.

"기록도 기록이지만, 그보다는 '꾸준히 하는 사람'으로 남고 싶습니다. 20년 가까운 프로야구 선수 생활을 하면서 MVP를 단 한 번도 받지 못했습니다. 그런데 이렇게 많은 기록을 세울 수 있었던 건 바로 멈추지 않고 계속했기 때문입니다."

그리고 잠시 숨을 돌리더니 이어서 말했다.

"프로는 프로다워야 합니다. 어떤 상황에서도 멈추지 않고 최선을 다해야 합니다. 땅볼을 치든, 볼넷으로 출루를 하든. 1루까지 무조건 전력질주를 해야 합니다. 100억 받는 선수도, 이제 막 야구를 시작한 선수도 마찬가지입니다. 멈추는 순간, 꿈도 인생도 멈추게 됩니다."

멈추지 말고 계속 가라

멈추지 마라! 멈추는 순간, 꿈도 인생도 멈추게 된다

〈천지창조〉와 〈최후의 심판〉 하면 떠오르는 인물이 있다. 바로 '미켈란젤로'이다. 그는 살아있을 때는 물론 지금까지도 가장 위대한 조각가이자, 화가로 칭송받고 있다.

프랑스의 작가이자, 사상가인 로맹 롤랑은 "이 세상에서 가장 위대한 천재를 아는가? 나는 안다. 만약 천재의 존재조차 믿지 않는 사람이 있거나 혹은 천재란 어떤 사람인지 궁금하다면 미켈란젤로를 보라. 그게 답이다" 라고 말한 바 있다.

그의 작품이나 업적을 보면 로맹 롤랑의 말처럼 그가 천재임을 알 수 있다. 어쩌면 신이 아닐까? 라는 경외감마저 든다. 그러나 정작 미켈란젤로 본인은 고개를 내저었다.

"나는 평범하다. 내가 지금의 경지에 이르기까지 얼마나 열심히 일하고 노력했는지 사람들이 안다면 내가 그렇게 위대해 보이지 않을 것이다. 나는 천재가 아니다. 다만, 멈추지 않고 끝까지 했을 뿐이다."

실제로 그는 한 번 작품을 시작하면 하루 종일 일에 파묻혀 살았다. 잠도 침대에서 자지 않고 쪼그려 앉아 잠시 눈만 붙였고, 옷도 갈아입지 않고, 신발도 벗지 않았다. 다리가 퉁퉁 부어 신발이 벗겨지지 않을 정도였다.

뭐든지 이루고자 한다면 꾸준히 해야 한다. 멈추는 순간, 그 동안의 노력과 수고는 물거품이 되고 만다. 성공 역시 마찬가지이다.

살기 위해서 신문배달을 하다.

신문을 읽기 위해 스스로를 가르치다.

신문에 글을 쓰기 시작하다.

소설을 쓰기 시작하다.

신문이 그에 대해 글을 쓰기 시작하다.

멈추지 말고 계속 걸어라.

조니 워커의 위 광고카피처럼 멈추지 말고 계속 달려야 한다. 그래야 원하는 지점에 도착할 수 있다.

유재석과 김구라의 오늘을 만든 '끝까지 하는 힘'

유재석은 1991년 〈대학개그제〉를 통해 데뷔했다. 그러나 데뷔만

하면 스타가 될 줄 알았던 그에게 현실은 냉혹했다.

그는 10년 동안 무명에 가까운 생활을 했다. 중도에 포기하겠다는 생각도 잠깐 했지만 포기하지 않고 끝까지 달렸다. 시골 장터건, 밤무대건, 자신이 설 수 있는 곳이라면 가리지 않고 사람들 앞에 섰다. 그렇게 멈추지 않고 달리다 보니 그에게 한줄기 빛이 보였고, 그는 그 기회를 놓치지 않았다. 그리고 지금은 대한민국 사람이라면 누구나 인정하는 국민 MC로 자리매김했다.

김구라 역시 13년이라는 기나긴 무명시절이 있었다. 생존을 위해 한때는 인터넷 방송에서 정치인, 동료 연예인들에 대한 음담패설과 욕설, 독설을 날리기도 했다. 하지만 그 역시 포기하지 않았다. 그런 그에게도 역시 기회가 왔고, 무명의 설움을 한 방에 날려버렸다.

그는 "경제적인 어려움으로 아내와 맞벌이를 한 탓에 아들 동현이가 식당 구석자리나 배달하는 차 안에서 새우잠을 자기도 했다"며 힘들었던 무명시절을 털어놓기도 했다.

유재석과 김구라가 지금의 자리에 설 수 있었던 건 남들이 알아주건, 그렇지 않건 간에 끝까지 포기하지 않았기 때문이다. 멈추지 않고 그 길을 묵묵히 걸어왔기에 지금의 영광이 있는 것이다.

심리학자 사이먼는 국제체스대회에 참석해 좋은 성적을 올리기 위해선 적어도 10년 동안은 체스에 몰입해야 한다고 주장했다. 신경과학자 다니엘 레비틴 역시 '1만 시간의 법칙(The 10,000-Hours Rule)'이란 이론을 통해 비슷한 말을 했다.

"어떤 분야에서든 최고의 전문가가 되기 위해선 하루도 빼놓지 않고 3시간 이상 10년 동안 열정을 쏟아 부어야 합니다. 다시 말해서 1만 시간을 투자해야 남들이 감히 넘볼 수 없는 경지에 오를 수 있다는 얘깁니다."

'우유통에 빠진 개구리' 이야기를 아는가?

우유통에 두 마리의 개구리가 빠졌다. 한 마리는 '이제 나는 죽었다. 입구가 너무 높아서 도저히 빠져나갈 수 없어!' 라고 생각했다. 결국 그 개구리는 바닥에 가라앉았다.

그러나 다른 한 마리는 계속해서 발버둥 치며 뛰어올랐다. 멈추는 순간, 가라앉아 죽는다는 걸 잘 알기 때문이었다. 개구리의 발길질 때문에 우유는 점점 굳기 시작했고, 결국 개구리는 우유통 밖으로 무사히 빠져 나올 수 있었다.

이처럼 '끝까지 하는 힘'은 성공이라는 열매를 얻는 데 있어서 절대 빠져서는 안 되는 필수요소이다. 여기에 꾸준한 노력과 목표를 향한 뜨거운 열정이 결합하면 수없이 무너지고 꺾여도 다시 일어날 수 있는 힘을 얻을 수 있다.

성취하는 사람이 되기 위한 2단계

첫 번째 단계 – 마음속의 욕망에 눈을 떠라

성취하는 사람이 되기 위해서는 우선 본인이 '무엇에 흥미를 느끼고, 무엇을 가장 잘할 수 있는지' 알아야 한다. 흥미와 소질, 꿈과 무관하게, 강요에 의해서 다른 것을 하게 되면 그 일은 오랫동안 지속

될 수 없기 때문이다. 하기 싫은 일에 투자하는 시간은 고통과 낭비의 시간인 셈이다.

사람은 마음속의 욕망을 숨길 수 없다. 언젠가는 마음속에 품었던 그 일, 그 꿈을 결국 하게 된다. 그러므로 처음부터 자신이 무엇을 원하고, 무엇에 흥미를 갖고 있는지 정확히 파악하는 것이 좋다.

하고 싶은 걸 꼭꼭 숨기고 누르며 살지 마라. 일단 그것을 시작해라. 그게 바로 성취하는 사람이 되는 시작점이다.

● 마이클 조던

그도 흥미와 꿈을 찾아 방황했던 사람 중 한 명이었다.

마이클 조던 하면 '농구 황제', '농구의 신'이라는 말이 떠오른다. 한때 할리우드 배우보다 더 많은 인기와 명예를 얻은 그였지만, 그가 처음부터 농구를 한 건 아니다. 그는 중학교 때까지 야구선수로 활약했다. 학교에서 최고의 야구선수였으며, 각종 대회에서 우승컵을 거머쥐었다.

그러던 어느 날, 길거리에서 농구를 하는 아이들을 보고 농구의 매력에 흠뻑 빠졌다. 그리고 스스로에게 물었다.

'야구가 정말 나의 길일까?'

수많은 고민 끝에 그는 '야구가 좋긴 하지만 그렇다고 목숨을 걸 정도는 아니다'는 것을 알았다. 그래서 농구선수가 되기로 했다. 운동신경이 남달랐기 때문에 그는 금방 농구에 적응했고, 곧 발군의 실력을 발휘했다. 그렇게 해서 우리가 아는 '농구 황제' 마이클 조던의 농구 인생이 시작된 것이다.

● 루치아노 파바로티

플라시도 도밍고, 호세 카레라스와 함께 '세계 3대 테너'로 꼽히는 루치아노 파바로티 역시 자신의 꿈에 대해서 수많은 고민을 했다. 선생님도 되고 싶었고, 성악가도 되고 싶었다. 그러던 어느 날, 그의 아버지가 이렇게 말했다.

"거리를 둔 두 개의 의자가 있다. 만약 그 두 개의 의자에 앉으려고 한다면 그 사이로 떨어지고 만다. 한 개의 의자를 선택해야 한다. 네가 진정으로 하고 싶은 것. 그게 바로 너의 꿈자, 너의 가슴이 네게 명령하는 일이다."

그는 결국 성악가의 길을 가기로 했다.

두 번째 단계 – 반복의 기적을 믿어라

어렵고 힘든 일이라고, 처음부터 겁을 낼 필요는 없다. 막상 하다보면 생각만큼 어렵지 않다. 그리고 꾸준히 하다보면 익숙해지기 마련이다.

중요한 건 그 다음이다. 같은 일을 반복하다보면 누구나 짜증이 나기도 하고, 지겨워진다. 그래서 대부분은 고지를 앞에 두고 포기하고 만다. 그러나 성취하는 사람들은 다르다. 그들은 잠시라도 멈추지 않는다. 멈추는 순간, 게을러지고 마음이 흐트러지고 집중력이 떨어진다는 걸 알기 때문이다. 그러다보면 결국 포기한 자신을 만나

게 된다는 걸 그들은 알고 있다.

목표를 이루기 위해서 끊임없는 반복과 연습으로 무장해야 한다.

• 강수진

'반복과 연습의 대명사'하면 발레리나 강수진을 빼놓을 수 없다. 언젠가 그녀는 자신을 심심한 사람이라고 말했다.

"아침 6시 30분에 눈을 뜨자마자, 가장 먼저 하는 건 가볍게 몸을 푸는 것입니다. 1시간가량 스트레칭을 하고 극장으로 가서 본격적으로 연습을 합니다. 공연이 없을 때는 6시 30분쯤 집에 돌아오고, 공연이 있을 때는 밤 11시까지 연습을 합니다. 다른 일은 하지 않고, 오직 연습만 합니다. 어쩌다 사우나를 하는 거 빼고는요. 제 삶은 참으로 단조롭습니다. 사실 전 심심한 여자입니다."

멈추지 않는 반복과 지독한 연습이 그녀를 세계적인 발레리나로 만든 것이다.

• 이자크 펄만

20세기 가장 뛰어난 바이올린 독주자인 이자크 펄만 역시 반복효과의 놀라운 기적을 몸소 실천한 사람이다.

그는 10살 무렵부터 세계적인 바이올리니스트가 되기까지 하루에 4시간씩 끊임없이 연습을 했다.

언론과의 인터뷰에서 그는 이렇게 말했다.

"어릴 때는 반복적으로 연습하는 게 정말로 싫었습니다. 똑같은 곳을 하루에 수 시간씩 연습한다고 생각해보세요. 정말로 넌더리가 납니다. 하지만 그런 고된 연습이 없었다면 지금의 저는 없을 것입니다. 반복적인 연습을 꾸준히 하다보면 경지에 오르게 됩니다. 본능이 되는 거죠. 공연을 할 때 성공하느냐, 실패하느냐는 결국 얼마만큼 연습을 했느냐에 달려 있는 것입니다."

나는 삶 자체가 즐거운 것이라 생각한다.

삶은 잠깐 타오르고 꺼져 버리는 촛불 같은 것이 아니기 때문이다.

그것은 내 손에 쥐고 있는 한 활활 타오르는 횃불과 같은 것이다.

그래서 나는 다음 세대에게 안전하게 넘겨주기 전까지

할 수 있는 한, 그것이 밝게 활활 타오르기를 바란다.

- 조지 버나드 쇼

실패를 밥 먹듯이 해야
진정한 성공을 맛볼 수 있다

"엄마, 또 먹어?"

"네가 무슨 상관이야? 그러지 말고 너도 뭐라도 좀 먹으렴?"

"됐어. 도서관에서 책 좀 빌려올게."

"그래. 참, 올 때 햄버거랑 콜라 좀 사오렴."

그러면서 엄마는 접시에 남은 마지막 소시지를 입에 넣었다.

"그렇게 먹고 또 먹게?"

"어허, 헤이븐 잔소리는 그만 하라니까. 어서 다녀오기나 해."

헤이븐은 미간을 찡그리며 밖으로 나갔다.

도서관으로 가는 동안 헤이븐은 뭐가 못마땅한지 입을 툭 내밀며

길 가장자리에 놓인 돌멩이를 발로 걸어찼다.

‘쳇, 도대체 엄마는 왜 그렇게 먹어대는 거야. 친구들이 뚱뚱하다고 놀리는 것도 모르고.’

엄마가 아빠랑 헤어진 뒤, 허전한 마음을 채우기 위해 폭식을 한다는 것을 헤이븐은 알고 있었다. 그리고 엄마의 마음도 이해할 수 있었다. 그러나 그러다가도 엄마의 터질 듯한 뱃살과 코끼리에 맞먹는 엉덩이를 보면 불쑥 화가 났다.

잠시 후 헤이븐은 도서관에서 책을 빌린 후 패스트푸드점에 들러 햄버거와 콜라를 사서 집으로 돌아왔다.

“엄마, 여기.”

햄버거와 콜라를 받아든 엄마는 다시 허겁지겁 먹기 시작했다.

“엄마, 천천히 먹어. 그러다 체하겠어.”

“괜찮아. 콜라라도 좀 먹을래?”

“아니. 난 내 방으로 갈게.”

며칠 후 헤이븐에게 끔찍하고 가슴 아픈 일이 일어났다.

학교 수업을 마치고 여느 때와 같이 휘파람을 불며 집에 온 헤이븐은 엄마를 불렀다.

“엄마, 나 왔어.”

분명 엄마 신발은 있는데 안에서는 아무런 대답이 없었다.

‘안방에 있나?’

헤이븐은 안방 문을 열었다. 엄마는 침대에 누워 있었다.

“엄마, 자?”

그런데 왠지 이상한 느낌이 들었다. 엄마의 숨소리가 들리지 않았던 것이다. 손을 만져봤다. 차가웠다.

"엄마, 왜 그래? 엄마 눈 좀 떠 봐. 엄마, 어서 일어나! 어서!"

그러나 엄마는 아무런 대답이 없었다. 그렇게 엄마는 갑자기 세상을 떠나고 말았다. 심장마비로 인한 사망이었지만 헤이븐은 비만이 엄마를 죽음으로 몰고 갔다고 확신했다.

엄마의 죽음으로 인해 헤이븐은 모든 것이 혼란스러웠다. 엄마 없이 험한 세상을 어떻게 살아가야 할지 겁이 났고, 문득 문득 떠오르는 엄마 생각에 눈물이 마를 날이 없었다. 그러나 헤이븐은 공부에 소홀하지 않았다. 뚜렷한 목표가 있었기 때문이다.

'좋아. 난 반드시 훌륭한 의사가 될 거야. 그래서 엄마와 같은 여성들을 꼭 낫게 할 거야.'

세월이 흘러, 헤이븐은 그렇게 원하던 의대생이 되었다.

그러나 의사가 되는 것이 엄마와 같은 중년 여성들을 위해 자신이 할 수 있는 최선의 길인지에 대해서 진지하게 생각하곤 했다.

오랜 생각과 고민 끝에 그는 진로를 바꾸기로 했다.

'그래. 의사는 이미 질병을 갖고 있는 사람들을 치료하는 거야. 그것보다는 질병이 생기기 전에 미리 예방할 수 있어야 해. 영양학자나 피트니스 전문가가 되자.'

그 후 그는 영양학을 공부해 영양상담사가 되었다. 그리고 피트니스 전문가가 되기 위해 사방팔방 돌아다니며 피트니스에 대한 정보와 지식을 쌓아갔다. 그러는 와중에 결혼을 했지만 결혼생활이 순탄하지 않아 아내와 헤어지고 말았다. 이룬 것은 없고 삶은 점점 팍팍해졌다. 마음이 답답하고 힘겨웠다. 혹시 '인생의 낙오자가 되는 건 아닐까?' 라는 생각이 꼬리에 꼬리를 물었다.

다시 몇 년의 시간이 흘렀다. 마침내 그는 재혼한 아내와 함께 대형 피트니스 클럽을 열었다.

"여보, 이제 우리도 부자가 될 수 있겠죠?"

"물론이지. 이 피트니스 클럽은 내 꿈과 인생이 고스란히 담긴 작품이야. 반드시 난 성공하고 말 거야."

"그래요. 우리 꼭 성공해요. 제가 열심히 도울게요."

헤이븐과 아내는 피트니스 클럽 홍보 전단지를 만들어 길거리로 나왔다. 그리고 지나가는 사람들에게 전단지를 뿌리며 피트니스 클럽 홍보에 열을 올렸다.

"저쪽 사거리에 피트니스 클럽이 생겼습니다. 운동은 건강할 때 챙겨야 합니다. 꼭 접수하셔서 건강한 몸을 만드세요."

"안녕하세요. 저는 헤이븐이라고 합니다. 제가 책임지고 당신의 몸을 건강하게 만들어드리겠습니다. 그러니 믿고 접수하세요. 저기 사거리에 있습니다."

열심히 홍보한 탓인지 순식간에 많은 사람들이 피트니스 클럽으로 모여들었다. 하루 24시간이 모자랄 정도였다.

"여보, 이대로라면 우리 대박날 것 같아요."

"아직 판단하긴 일러. 이 정도 회원으로는 안 돼. 회원이 두 배는 더 늘어야 해. 아직 갈 길이 멀었다고.”

헤이븐은 불안했다. 그리고 그 예상은 적중했다. 한두 달이 지나자 회원 수가 눈에 띄게 줄기 시작한 것이다.

‘왜 이러지? 뭐가 문제지? 최신형 운동장비가 없어서 그러나?’

헤이븐은 과감히 투자할 때는 투자를 해야 한다고 생각하고 최신형 운동장비를 새롭게 구입했다. 그러나 여전히 회원들은 썰물 빠져나가듯 줄어들었다. 결국 헤이븐은 비싼 임대료와 운영비를 감당하지 못해 망하고 말았다. 그에게 남은 것은 엄청난 빚과 실패라는 명예뿐이었다.

그는 절망감에 빠져 아무것도 할 수 없었다. 밥 먹는 것은 물론 심지어 숨을 쉬는 것조차도 귀찮고 힘겨웠다.

“여보, 너무 실망하지 말아요. 분명 다시 일어설 수 있을 거예요. 하늘에 계신 어머니도 당신의 이런 모습을 원하지 않을 거예요. 자, 우리 힘내요.”

‘어머니’ 라는 말에 헤이븐은 정신이 바짝 들었다.

‘그래. 어머니께서 어떻게 돌아가셨는데. 내가 이러고 있을 때가 아니지. 세상 사람들이 건강한 몸을 가질 때까지 난 다시 뛸 거야.’

일단, 그는 실패의 원인부터 찾고자 했다. 그래서 피트니스 회원들을 일일이 찾아나섰다.

“왜 한 달도 채우지 못하고 저희 피트니스 클럽을 그만 두셨죠? 장비가 부족해서인가요?”

“아니요. 장비에 대한 불만은 전혀 없었어요. 다만, 남자와 여자가 함께 운동을 하다보니 불편했어요. 남자들의 시선이 자꾸 신경 쓰였거든요."

"저는 대형 거울 때문에 운동에 집중할 수 없었어요. 거울에 보이는 제 모습을 보면 한숨만 나왔거든요."

회원들의 얘기를 종합한 결과, 헤이븐은 자신이 실패할 수밖에 없었던 이유를 깨닫게 되었다.

'그래. 새로운 마음으로 다시 시작하는 거야. 작지만 알찬 나만의 피트니스 클럽을 만들자.'

헤이븐은 과거의 실패를 교훈삼아 먼저 클럽의 규모를 대폭 줄이고 남성을 위한 운동기구나 샤워시설을 없애 운영비 및 임대비용을 절감했다.

그렇게 해서 탄생한 것이 바로 여성 전용 피트니스인 '커브스'이다. '커브스'는 여성들이 빠르고 편안하며 효과적으로 운동할 수 있는 피트니스를 지향했다. 또한 다른 클럽과 차별화 하기 위해 '3NO 정책'을 내세웠다.

'3NO'는 'No man', 'No makeup', 'No mirrors'을 뜻하는 것으로, 남자가 없고, 화장이 없으며, 거울을 없애 운동에 집중할 수 있도록 만든 것이다.

거기에 멈추지 않고 여성의 편의와 신체적 특성을 고려한 '30분 순환운동' 프로그램도 개발했다. 준비운동, 유산소운동, 근력운동, 정리운동, 스트레칭으로 나뉘어 30분 안에 운동을 마치는 신개념 운동 프로그램이었다. 이는 여성 전용 유압식 운동기구로 근육운동과

경쾌한 음악에 맞춘 유산소 운동이 교대로 이루어져 재미있게 운동에 임할 수 있고, 무엇보다도 회원들과 함께 친근하게 어울리며 운동할 수 있다는 게 가장 큰 장점이었다.

헤이븐은 '하루 한 잔의 커피 값으로 적절하게 운동해 건강이란 선물을 얻으라' 라는 슬로건을 내세워 대대적으로 홍보했다. 또 커브스에서 '30분 순환운동' 프로그램을 접한 주부들의 입소문을 통해 사업은 그야말로 대박을 쳤다.

그리고 1995년 프랜차이즈 1호 클럽을 개설한 후, 지금은 미국에서만 7000여 개에 이르고, 전세계 44개국에 10,000여개가 넘는 클럽으로 성장했다. 이는 4시간마다 클럽이 한 개씩 생기는 것으로, 세계에서 가장 빠른 속도로 증가하는 프랜차이즈로 기네스북에 오르기도 했다.

최근 미국 시사주간지 《뉴스위크》는 '실패를 딛고 일어선 위대한 인물 10인'에 월트 디즈니와 헨리 포드, 발명가 토마스 에디슨 등과 함께 헤이븐을 넣었다.

"실패를 끝이라 생각했다면 지금의 성공은 없었을 것입니다. 실패는 끝이 아니라 기존의 방식과 과거의 삶을 뒤집는 좋은 계기이며 출발점입니다. 즉, 실패는 블루오션으로 가는 과정입니다."

만약 실패라는 값진 선물이 없었다면 그는 어느 시골에서 허물어져가는 피트니스를 운영하며 힘겹게 살아가고 있었을지도 모른다. 그러나 그에게 실패라는 선물이 있었기에 그는 다시 재기의 꿈을 꾸었고 그것을 긍정의 힘, 기회의 힘으로 바꾸어 성공할 수 있었다. 결국 실패가 그를 만든 것이고 도전이 그를 만든 것이다.

82

위대한 실패자가 되어라

'실패하다'와 '실패를 겁내다'는 완전히 다른 말

20대 후반의 한 여성이 있다. 그녀는 이제껏 살면서 단 한 번도 연애를 해본 적이 없었다.

꽃다운 나이에 연애를 못해봤다는 건 안타까운 일이다. 그러나 더 안타까운 건 그녀의 생각이었다.

그녀는 연애에 통 관심이 없었고, 앞으로도 연애를 할 생각조차 없었다. 왜 그런 생각을 갖게 된 것일까? 그녀의 어린 시절로 거슬러 올라가면 그 문제의 원인을 찾을 수 있다.

그녀는 어린 시절 다른 아이들보다 뚱뚱했다. 중학생이 되면서부터는 급격하게 더 살이 찌기 시작했다. 그래서 늘 친구들로부터 놀림을 받았다.

"너는 하루에 여섯 끼씩 먹지?"

"남자들이 뚱뚱한 여자는 싫어하는 걸 모르니? 넌 앞으로 혼자 살아야겠다."

심지어 그녀의 아빠조차 그녀를 놀려댔다.

"절구통이 따로 없네. 우리 딸은 절구통이야."

뚱뚱하다는 말, 남자들에게 인기 없을 것 같다는 말, 그런 말을 듣고 자라서 인지, 언제부턴가 그녀는 자신감을 잃게 되었고, 외모에 큰 콤플렉스를 갖게 되었다. 그 결과, 소개팅 기회가 있어도 거절했고, 모르는 남자와 눈이 마주치기라도 하면 어쩔 줄 몰라 하며 금세 눈을 피했다. 급기야 자신이 별 볼일 없고 아무짝에도 쓸모없는 인간이라는 생각이 들기 시작했다.

30대 초반의 직장인 김 과장.

그는 직장에서 누구보다도 더 성실한 사람으로 꼽혔다 하지만 그에겐 큰 걱정거리가 있었다. 바로 남들 앞에서 말하는 걸 겁낸다는 것이었다.

얼마 전 그는 팀을 대표해서 임원들 앞에서 하반기 마케팅 계획을 발표해야 했다. 이전까지는 팀장이 보고를 했지만 이번부터는 김 과장에게 그 임무가 주어졌다.

발표일자가 하루하루 다가올수록 마음은 점점 무거워졌다. 과연 잘할 수 있을까? 실수해서 망신을 당하면 어떻게 하지? 그의 머릿속엔 온통 걱정과 두려움뿐이었다.

그가 발표하는 걸 왜 그렇게 두려워하는지 그 원인 역시 어린 시절에 있다.

초등학교 시절 국어시간에 책을 읽던 그는, 너무나 긴장한 나머지 그만 바지에 오줌을 싸고 말았다. 그 후 발표라는 말만 들어도 오금이 절이고 정신이 아찔해졌다.

마침내 임원들 앞에서 발표할 날이 다가왔다. 그러나 결국 그는 아프다는 핑계로 결근을 하고 말았다.

연애 한 번 못해본 여자, 발표를 두려워하는 남자. 그 두 사람이 현재 느끼는 심리적 불안과 자신감 결여의 원인은 과거의 상처와 실패의 경험과 연관되어 있다.

실패에 대한 두려움은 누구나 갖고 있다

두려움은 자기 발전과 창조력을 가로막는다. 실패했던 과거의 충격에서 벗어나지 못하고 늘 그때의 기억속에서 괴로워한다. 물론 그런 아픈 기억을 무 자르듯 과감히 떨쳐버리면 좋겠지만 생각처럼 쉬운 일이 아니다.

과거에 대한 아픈 기억이나 충격을 떨쳐버린다는 것이 얼마나 어려운지 심리학자 마틴 셀리히만 박사는 실험을 통해 증명했다.

개들을 세 집단으로 나눠 각각 큰 상자에 넣었다. 첫 번째 집단은 코 앞에 스위치 하나를 달아놓았다. 그 스위치는 전기충격을 멈추게 하는 장치였다. 전기충격을 가하자, 개들은 끙끙거리며 괴로워했다. 그러다가 우연히 스위치를 누르면 전기충격이 멈춘다는 것을 알게 됐다. 다시 한 번 전기충격을 가하자, 개들은 잽싸게 스위치를 눌렀다.

두 번째 집단도 똑같이 전기충격을 줬다. 그러나 첫 번째 집단과 달리 스위치를 눌러도 전기충격이 멈추지 않게 했다. 개들은 끙끙거리며 괴로워했지만 달리 방법이 없었기 때문에 그 자리에 그대로 주저앉아 있었다.

세 번째 집단은 전기충격을 주지 않는 편안한 상태를 유지시켰다.

24시간 후 세 집단을 모두 큰 상자에 넣고 낮은 칸막이를 쳤다. 칸막이를 뛰어넘으면 전기충격이 없는 안전한 곳이었다.

잠시 후 모든 개들에게 전기충격을 주었다. 그러자 개들은 즉시 반응을 보였다.

첫 번째 집단과 세 번째 집단은 전기충격을 받자마자 칸막이를 뛰어넘어 안전한 곳으로 피했다. 그러나 두 번째 집단은 그 자리에 쭈그리고 앉은 채 끙끙거리며 전기충격을 고스란히 참아냈다.

이 실험을 통해 셀리히만은 반복적으로 학습된 실패의 기억이나 큰 충격으로 인한 상처는 절망감 내지 무력감을 준다는 결론을 얻어냈다.

셀리히만은 이 이론을 '학습된 무기력(Learned Helplessness)'이라고 정의했다.

이처럼 학습된 실패의 기억은 머릿속 깊이 각인되어 충분히 그것을 이룰 수 있음에도 불구하고 시도 자체를 포기하게 만든다.

그렇다고 이 이론이 절대적인 것만은 아니다. 실패의 기억이나 큰 충격으로 인한 상처가 머릿속에서 오래 남긴 하지만 그것의 지배 하에서 벗어날 방법이 분명히 있기 때문이다.

실패의 기억을 극복하는 2가지 방법

긍정의 생각을 학습시켜라

실패에 대한 기억이나 두려움을 반복적으로 떠올리면 결국 실패자가 되듯, 긍정의 생각을 거듭 되풀이하면 신념이 되며 강력한 동기부여가 된다.

생각은 씨앗과도 같다. 처음에는 땅속에 묻혀 보이지 않지만 물을 주고 거름을 주면 땅을 뚫고 세상 밖으로 씨앗이 나오듯, 반복적으로 생각하면 수십 개의 열매를 맺는 큰 나무로 성장하게 된다.

인간의 행동은 마음의 움직임을 따르기 마련이다. '할 수 있다'는 생각을 머릿 속에 가득 채워라. 그러면 저절로 이루어진다.

신념이란 일종의 정신상태이다. 자꾸 반복적으로 학습하다 보면 자기암시에 의해 장애나 두려움을 떨쳐버리고 원하는 그 무엇이라도 성취할 수 있다.

성공 철학의 거장인 나폴레온 힐도 생각의 학습효과에 대해 설파한 적이 있다.

"원하는 금액을 종이에 적어라. 그리고 잠자리에 들기 전과 아침에 일어나자마자 그 종이에 적힌 금액을 되도록이면 큰소리로 외쳐라. 여러분은 그 돈을 이미 가졌다고 굳게 믿어야 한다. 그러면 분명 원하는 금액을 손에 넣을 수 있을 것이다. 소망을 믿고 간절히 원한다면 반드시 소망의 문이 열릴 것이다."

부정과 긍정, 실패와 성공. 어떤 생각을 하느냐에 따라 미래가 달라진다는 것을 명심해야 한다.

과거가 아닌 미래의 문을 향해 걸어가라

어두운 숲에 갇혀 있다고 해보자. 저 멀리 작은 불빛이 보인다면 어떻게 하겠는가? 당연히 그 불빛을 향해 걸어갈 것이다. 그래야 숲을 빠져나올 수 있을 테니.

생각도 마찬가지다. 어두운 과거 속에서 벗어나려면 미래의 문을 향해 걸어가야 한다. 망설이거나 두려워할 이유가 없다. 멈추지 않고 과감히 걸어가면 되는 것이다.

자동차 사고가 나면 보통 사고에 대한 기억에 대처하는 모습이 둘로 나뉜다. 두 번 다시는 사고지점을 가지 않겠다는 사람들과 사고지점을 다시 가보겠다는 사람들이다. 전자에 속하는 부류는 아주 오랫동안 그 사고의 기억에서 벗어나지 못한다. 그래서 사고지점이 가까워지면 몸이 떨리고 식은땀이 난다. 그러나 후자에 속하는 부류는 실패에 대한 기억을 오래 간직하지 않고 훌훌 털어버리는 경향이 있다.

그렇다. 한 번 실패했다고 해서 피하거나 주눅 들 필요는 없다. 한 번 배웠다는 마음으로 다시 시도하고 그것을 교훈 삼아 더 큰 도약을 해야 한다.

'실패를 겁내다' 라는 말을 듣는 것보다 차라리 '실패하다' 라는 말을 듣는 것이 훨씬 더 훌륭하다.

부족하지만, 미숙하지만, 일단 부딪혀라. 성공한 사람들은 모두 '위대한 실패자'였다는 사실을 명심해라.

Chapter 02

자강불식(自强不息), 스스로 강하게 하고 쉬지 않는다

自强不息

"링에서 계속 맞아 팔이 너무 아플 땐 상대가 차라리 내 턱을 쳐주길
바라지. 쓰러져 편해지게 말야. 하지만 마음 한 구석에선 문득 이런 마음
이 생겨. 한번만 더 해보자. 한 라운드만 더 뛰어보자. 지금은 절망적이지
만 다음 라운드에서 모든 걸 바꿔 놓을 수 있어."

실험은 많이 하면 할수록 좋은 결과를 기대할 수 있다.

삶이란 모두 실험이 아닌가.

당신이 할 수 있는 가장 위험한 일을 시도하라.

당신 스스로 행동하라.

안 될 것이라고 의심해서는 안 된다.

주저하지 말고 한 번 시험해보라.

- 디오도어 루빈

가슴 뛰는 일을 찾아
심장을 내던져라

싱그러운 기운과 젊음의 생기로 넘쳐나는 스탠퍼드대 캠퍼스의 어느 봄날.

검은색 재킷에 선글라스, 그리고 나이키 운동화를 신은 노년의 남자가 나타났다. 그는 영문과가 있는 건물 쪽으로 힘차게 걸어갔다.

학생들은 힐끔힐끔 그를 쳐다보면서 잠시 망설이더니 이내 고개를 숙였다.

"안녕하세요."

"아…… . 예."

남자도 고개를 살짝 숙여 답례했다. 뭔가 이상하다는 생각이 들었다.

'도대체 누구지? 나를 아나? 이상하다. 이 학교에서 나를 알아볼 사람은 없는데……'

그러나 잠시 후 남자는 피식 웃음을 터트렸다.

'하하. 그래그래. 나를 교수로 알았던 거야. 그럴 만도 하지.'

남자는 웃음을 머금은 채 서둘러 건물 안으로 들어갔다. 그리고 주위를 두리번거렸다.

'301호 강의실이 저기군.'

남자는 강의실 안으로 들어갔다. 그러자 수다를 떨던 학생들이 남자를 보자마자 입을 다물었다. 어디에 앉을까 머뭇거리자 학생 중 한 명이 벌떡 일어나 인사를 건넸다.

"교수님, 안녕하세요."

"교수? 교수라니……"

남자는 두 눈이 휘둥그레졌다. 사실 남자는 교수가 아니라 초급 작문 수업을 듣기 위해 온 것이었다. 그러나 학생들이 착각할 만도 했다. 나이 지긋한 사람이 강의실에 들어온 이상, 누가 그를 학생이라고 생각하겠는가.

잠시 후 진짜 교수가 들어왔다. 교수는 남자에게 자기소개를 하라고 했다.

그러자 남자는 머리를 긁적거리며 수줍게 말했다.

"제 나이는 꽤 많습니다. 내일모레면 일흔입니다. 그리고 오리건 주에 살고 있으며, 작년에 회사를 그만두었고, 으음…… 늦었지만 소설을 정말 쓰고 싶어서 이곳에 나오게 되었습니다. 잘 부탁드립니다.”

학생들은 박수로 남자를 환영해주었다.

그렇게 남자의 대학생활은 시작되었다. 그 남자가 바로 나이키의 창업자 ‘필 나이트’이다.

사실 필 나이트는 이미 스탠퍼드대 경영대학원을 졸업했었다. 또한 세계적인 기업의 회장이었기 때문에 교수로 출강을 해도 손색이 없을 만큼 수준 높은 지식과 삶의 노하우를 가지고 있다. 그럼에도 불구하고 학생 신분으로 다시 돌아온 이유는 바로 소설을 쓰고 싶었기 때문이었다.

그는 예전부터 소설 쓰기에 관심이 많았다. 일하는 중간에도 잠시 짬을 내 소설책을 읽기도 하고 남몰래 습작도 해보았다. 그러면서 서서히 소설가의 꿈을 품게 되었다. 그러나 무엇이든 이루기 위해선 기초 실력이 있어야 한다는 걸 잘 알고 있었기 때문에 많은 나이임에도 불구하고 과감히 학생으로 되돌아온 것이다.

물론 그 나이에 아들, 손자 같은 젊은이들과 함께 배운다는 게 굴욕에 가까울 수도 있었다. 하지만 그는 망설이지 않았다. 주저하지 않고 다시 시작했다. 그는 교수에게 자기가 누구인지 학생들에게 말하지 말아달라고 사전에 부탁을 했다. 그래서 몇 달간은 자신의 신분을 속일 수 있었다. 하지만 결국 발각됐고, 학생들은 “역시 다르시군요”라며 감탄과 존경의 눈빛을 보냈다.

그는 교수가 내준 과제도 꼬박꼬박해오고, 학생들과의 토론에도 적극적으로 참여했다. 더더욱 놀라운 건 오리건 주에 있는 자택에서 캘리포니아 주의 캠퍼스까지 매번 자가용 비행기로 통학을 했을 만큼 새로운 꿈에 대한 열정과 도전의식이 강했다.

필 나이트는 해야겠다고 한 번 마음을 먹으면 주저하지 않고 바로 행동으로 옮겼다. 만약 그에게 그런 '두려움 없는 시도'가 없었다면 아마 나이키는 탄생하지 못했을 것이다.

그는 어릴 때부터 운동을 좋아했다. 특히, 육상에 뛰어난 재능을 보였다. 그래서 클리블랜드 고교 시절부터 중거리 육상선수로 활약했고 대회에 나가 좋은 성적을 거둬 학교 신문에 실리기도 했다. 그 후 육상으로 유명한 오리건대에 입학해 육상선수로 활약했고 졸업 후 스탠퍼드대 경영대학원에 진학했다. 그 후 회계사로 일을 했지만 그 일에 큰 보람과 만족감을 느끼지 못했다.

그러던 어느 날, 그는 중대한 결심을 했다. 바로 신발 사업을 시작하기로 한 것이다.

'신발을 팔 거야. 또 때가 되면 내 브랜드의 신발도 직접 만들 거야. 두고 봐. 반드시 아디다스를 이기고 말 테니.'

그는 친구들에게 자신의 포부를 밝혔다. 그러자 친구들은 어이 없다는 듯 그를 비웃었다.

"너 지금 제정신이냐? 신발 사업을 한다는 것도 우스운데 뭐라고? 아디다스를 이기겠다고? 너 몰라서 그러냐? 아디다스는 세계 최고의 브랜드야. 그런데 네가 무슨 수로 이긴다는 거야?"

자신이 생각해도 가당치도 않은 포부였지만 그래도 그는 일단 시작하기로 했다. 다짐과 행동 사이의 간격이 넓으면 아무것도 얻을 수 없다는 걸 잘 알고 있었기 때문이다. 일단 사업을 함께 할 파트너를 물색했다. 그렇게 해서 찾아낸 파트너가 바로 자신을 가르쳤던 육상 코치 빌 보어만이었다.

"빌, 우리 한 번 해봐요. 우리가 달려봐서 알지만 신발이 얼마나 불편해요. 몇 미터만 달려도 뒤꿈치가 다 까져 피가 나고 쿠션도 형편없어서 오랜 시간 달릴 수 없잖아요."

"그래. 우리가 아주 멋진 신발을 만들어보자."

두 사람은 일단 500달러의 자본금으로 '블루 리본 스포츠'라는 회사를 설립했다. 신발을 자체적으로 생산할 수 있는 여력이 없었기 때문에 일단은 신발 판매를 하기로 했다. 운 좋게도 그는 일본 운동화 제조업체인 오니츠카로부터 미국 내 독점 판매권을 따낼 수 있었다.

그는 주말이 되면 창고에 있는 신발들을 트럭에 싣고 전국 각지를 돌아다녔다. 고등학교, 대학교 육상부 학생들을 상대로 신발을 팔기도 하고, 각 지역의 신발업자들을 찾아가 영업을 하기도 했다. 그러나 생각만큼 실적이 좋지 않았다. 더군다나 오니츠카 측에서 판매권을 언제 거둬들일지도 불안했다.

"이대로는 안 되겠어요. 우리도 자체 브랜드를 만들어야겠어요."

"필, 과연 우리가 할 수 있을까?"

"해야죠. 아니 해내야죠. 코치님이 늘 제게 말씀하셨잖아요. 주저하지 말고 앞을 향해 달리라고요."

그는 보다 가볍고 쿠션감이 좋은 멋진 신발을 만들기 위해 몇 달간 고군분투했다. 그리고 수백 번의 시행착오 끝에 마침내 신발 무게를 줄이고 쿠션감이 좋은 런닝화를 만들어냈다. 그것이 바로 ‘나이키’이다.

첫 해는 고작 1,000여 켤레를 파는데 그쳤다. 하지만 실망하지 않았다. 점점 수요가 늘어날 거라 확신하고 제품 개발에 더 많은 공을 들였다. 그의 예상대로 판매는 점점 나아졌다.

“광고를 해야겠어요.”

“필, 뭐 좋은 생각이라도 있니?”

“농구스타 마이클 조던을 광고모델로 기용하는 거예요 그리고 그의 이름을 단 제품을 만드는 겁니다.”

“정말? 과연 잘 될까?”

“일단, 한 번 해보는 거예요.”

그렇게 해서 탄생한 것이 바로 나이키 최고의 히트작 ‘에어조던’이다.

어느 날, 농구장을 찾은 그는 조던을 향해 말했다.

“조던, 저희 회사에서 만든 이 ‘에어조던’을 신고 경기를 뛰어주세요.”

“하지만 문제가 있습니다.”

“뭐죠?”

“농구 규정상 이 신발은 규칙에 어긋납니다. 협회에서 통일된 색깔의 농구화만 허용하고 있거든요. 그 규정을 어기면 엄청난 벌금을 내야 합니다.”

“그건 걱정하지 마세요. 저희 회사에서 모두 책임지겠습니다.”

그렇게 해서 마이클 조던은 검은색과 빨간색이 섞인 '에어조던' 농구화를 신고 매 경기에 임했다. 그러나 매 경기마다 조던은 5,000달러의 벌금을 물어야 했고, 나이키는 그 돈을 대신 지불했다.

하지만 그 결과는 놀라웠다. 벌금으로 지불한 돈보다 훨씬 더 큰 광고효과를 얻을 수 있었기 때문이다. 그리고 마침내 아디다스를 뛰어넘는 최고의 신발 브랜드로 성장했을 뿐만 아니라 미국 문화의 아이콘으로까지 자리 잡게 되었다.

필 나이트! 그의 인생 역시 다른 사람들과 마찬가지로 탄탄대로만 있었던 것은 아니다. 좌절과 절망의 시간이 수시로 그를 찾아왔다. 하지만 그는 그것에 굴하지 않았다. 한 번 계획을 세웠으면 멈추지 않고 계속 달렸다. '일단 한 번 해봐! (Just do it!)' 라는 나이키 광고 카피처럼 그 역시 살아온 것이다. 그랬기에 오늘의 그가 있는 것이다.

어쩌면 오늘도 그는 지구 어느 한 모퉁이에서 새로운 꿈인 소설가로서의 삶을 꿈꾸며 쉬지 않고 달리고 있을지 모른다.

세상이 만든 공식에 갇혀 살지 마라

멈춰 있는 삶은 시한부 인생과도 같다

'앞으로 갈 것인가? 아니면 머무를 것인가?'

이 고민 때문에 며칠째 잠을 이루지 못한 남자가 있었다. 잇몸이 붓고 지독한 몸살이 찾아왔다. 모든 것을 다 내팽개치고 어디론가 떠나고 싶을 만큼 고통스러웠다. 하지만 그럴 순 없었다. 그에게 회사의 미래와 직원들의 운명이 걸려 있었기 때문이다.

선택의 무게감이 온몸을 짓눌렀지만 그는 다시금 이를 악물고 정신을 똑바로 가다듬은 채 선택의 칼날 위에 자신을 세웠다.

어느덧 아침 햇살이 창가에 드리웠다. 그는 전장에 나가는 장수처럼 비장한 표정을 지으며 집을 나섰다.

회사에 도착한 그는 임원들을 모아놓고 중대 발표를 했다.

"시계 사업을 시작할 것입니다."

새로운 사업을 시작하겠노라고 선언한 그는 몽블랑의 CEO 루츠 베이커였다.

회의장은 일순간 술렁거렸고, 임원들은 그의 의견에 반대했다.

"사장님, 안 됩니다. 자칫 잘못하면 지금까지 공들여 쌓은 탑이 무너질 수도 있습니다. 몽블랑하면 만년필입니다. 100년 넘게 이어온 '몽블랑=만년필' 공식을 시계 때문에 깰 순 없습니다. 만년필에 더 집중해야 합니다. 시계는 절대 안 됩니다. 위험합니다."

"물론 새로운 시장에 진출하는 건 위험한 일입니다. 그러나 언제까지 안주하고만 있을 순 없습니다. '몽블랑=만년필'이란 공식 때문에, 우리 스스로가 그 공식에 갇혀 산다면 우리 회사는 더 이상 발전할 수 없습니다. 때론 머무는 것도 좋지만 그건 곧 퇴보를 의미합니다. 우리는 해낼 수 있습니다. 보십시오. 이 만년필 하나를 만드는데 6주간 총 250단계의 공정을 거칩니다. 이런 완벽함을 추구하는 게 우리입니다. 시계 분야에서도 이런 우리들의 장인정신이 발휘된다면 분명 최고의 제품을 만들어낼 수 있습니다."

그는 강한 자신감과 신념으로 임원들을 설득했다. 그러자 하나 둘씩 그의 말에 고개를 끄덕이기 시작했다. 그렇게 해서 몽블랑은 시계 사업을 시작할 수 있었다. 세계 최고의 시계 장인을 스카우트했고, 출시된 제품은 VIP 1대1 마케팅을 통해 판로를 개척했다.

몽블랑 시계를 본 고객들은 처음에는 반신반의했지만 착용을 해본 뒤에는 만족스러워했고, 시간이 지나면서 몽블랑 시계는 점차 고객들로부터 신이 만든 것처럼 완벽에 가까운 시계라는 찬사를 받게

되었다. 그리고 마침내 세계 유수의 시계 브랜드와 어깨를 나란히 할
수 있었다.

한번만 더 해보자…… 삶을 역전시킬 수 있다

누구든 선택 앞에서 자유로울 수 없다. 남자건, 여자건, 직장인이
건, 학생이건, 이 세상 모든 사람들은 눈만 뜨면 선택의 지뢰밭 앞에
서 있다.

하루에도 수없이 많은 결정을 해야 한다. 그나마 이런 사소한 선
택들은 마음의 부담이 없다. 하지만 살다보면 중대한 선택 앞에 놓일
때가 있다. 그 누구도 선택이라는 삶의 법칙을 피할 순 없다. 그것이
우리의 운명이다.

누구나 다 선택하기에 앞서 일단 망설이게 된다. 그 이유는 뭘까?
바로 감성과 이성의 갈등 때문이다. 가슴에서는 'Yes'를 말하지만 머
릿 속에서는 앞뒤 계산을 하고 손익분기를 따져 'No'를 강요한다. 그
리고 결국 이성이 시키는 대로 'No'를 선택하고 만다.

물론 뭔가를 선택할 때 생각을 하고 논리적이고 이성적으로 판단
하는 건 좋다. 그러나 그 다른 면에는 분명 No 속에 숨어 있는 '안정'
을 바라는 마음도 포함되어 있다. 다시 말해서 우리는 새로운 일에
대해 논리와 데이터를 내세우며 No를 말하지만 결국은 새로운 것에
대한 두려움으로 인해 그저 현실에 안주하고픈 패배의식이 마음 속
깊이 자리하고 있는 것이다.

그렇다면 '안정'이 좋은 걸까. 그렇지 않다. 세상은 하루가 다르게

변하고 있다. 따라서 스스로 노력하고 계발하지 않으면 자신의 가치는 점점 떨어지기 마련이다. 세상이 발전하는 만큼 자기 자신도 발맞춰 가지 않으면 안 된다. 가만히 있다고 해서 안전한 것이 아니란 얘기이다. 그건 곧 퇴보나 도태를 의미한다. 안정이란 더 나은 삶을 향해 도전하는 가운데 찾는 것이다.

영화《록키 발보아》에서 주인공 록키는 링에 오르기 전 이렇게 말한다.

"링에서 계속 맞아 팔이 너무 아플 땐 상대가 차라리 내 턱을 쳐주길 바라지. 쓰러져 편해지게 말야. 하지만 마음 한 구석에선 문득 이런 마음이 생겨. 한번만 더 해보자. 한 라운드만 더 뛰어보자. 지금은 절망적이지만 다음 라운드에서 모든 걸 바꿔 놓을 수 있어."

실패는 종착점이 아니라 성공의 전주곡이다

실패가 두려워 시도조차 하지 않는다면 그건 스스로 실패의 삶을 선택하는 것이다.

일을 진행하다보면 모든 일이 다 성공적으로 끝나는 것은 아니다. 생각지도 못했던 장애로 인해 실패의 쓴잔을 마실 수도 있다. 하지만 그게 끝이 아니다. 실패를 극복하기 위해 적극적으로 대처하는 과정에서 능동적이고 긍정적인 사람으로 변할 수도 있다. 또 실패로 인한 손실보다 실패를 통해 배운 이익들어 훨씬 더 클 수도 있다.

그러니, 일단 시작해라. 물론 시도하기에 앞서 철저한 계획과 준비를 해야 한다. 그렇다고 그것에 발목을 잡혀선 안 된다. 계획하고 준비만 하다가 기회를 놓칠 수도 있기 때문이다.

목표를 세웠다면 과감히 도전해야 한다. 사실 계획대로 되는 일은 별로 없다. 수많은 변수가 있기 때문에 일을 진행하면서 상황에 따라 계획을 수정해야 한다.

헨리 소로우는《구도자에게 보낸 편지》에서 삶에 대한 열정과 도전정신을 다음과 같이 강조했다.

"시도해보고자 하는 일이 있다면 주저하지 말고 시도하십시오. 마음을 불편하게 하는 의혹은 계속 품고 있지 마십시오. 아무도 해줄 수 없는 일을 스스로에게 해주십시오. 그 밖의 다른 일은 모두 잊어버리십시오."

인생은 선택으로 이루어졌다. 오늘 어떤 선택을 하느냐에 따라 내가 달라지고 미래가 달라진다. 더이상 다른 사람의 시선을 의식하지 말고, 윗사람의 압력에 굴하지 말고, 자기의 의지대로, 가슴이 시키는 대로 인생을 살아가라.

'Just do it!' 일단 한 번 해봐!

대부분의 사람들은 두려움의 비중이 훨씬 더 크다. 그렇다고 기죽을 필요는 없다. 설렘에 무게를 두는 순간, 두려움은 줄어들고 그 자리에 용기가 채워진다.

설렘으로 시도해보라. 막상 시작해 보면 생각했던 것보다 두렵거나 힘들지 않다.

어린 시절 이가 흔들리면 얼마나 두렵고 한숨이 나고 괴로웠던가.

혀끝으로 밀어내며, 밥도 제대로 먹지 못하고 하루 종일 우울했던 기억을 누구나 가지고 있을 것이다. 그러나 막상 용기를 내 이를 빼고 나면 그것처럼 개운하고 후련한 일이 없었다. 그렇다. 뭐든지 시도하는 순간, 모든 두려움은 사라진다.

자, 이제 당신의 꿈을 행동으로 보여줄 때다.

너무나도 우리는 자주 두려워합니다.

우리가 할 수 없을지도 모른다는 사실에 겁을 냅니다.

우리는 노력하고 있다고 사람들이 생각한다는 사실에 겁을 냅니다.

우리는 '예'라고 말하고 싶으면서도 '아니오'라고 말합니다.

고함치고 싶으면서도 조용히 앉아 있습니다.

그리고 침묵해야 할 때 우리는 다른 사람들과 함께 고함칩니다.

왜?

두려워할 시간은 없습니다. 겁내지마십시오.

당신이 해보지 않았던 일을 해보십시오.

모험을 하십시오. 신문사에 편지를 쓰십시오.

급여 인상을 요구하십시오. 코트에서 승자를 부르십시오.

TV를 던져버리십시오. 자전거로 미국을 횡단하십시오.

봅슬레이를 하십시오. 어떤 것이든 한 번 해보십시오.

지명타자에게 큰 소리를 질러 보십시오.

언어가 통하지 않는 나라로 여행을 떠나 보십시오.

특허를 신청하십시오. 그리고 그녀에게 전화를 하십시오.

당신에겐 잃어버릴 것이라곤 아무것도 없으며, 오직 얻을 것만 있습니다.

'일단 한 번 해봐. (Just do it)'

– 나이키 신문 광고 카피

당신에겐 잃어버릴 것이라곤 아무것도 없으며, 오직 얻을 것만 있습니다.

'일단 한 번 해봐. (Just do it)'

– 나이키 신문 광고 카피

마음이 명령하고, 가슴이 시키는 일을 하라!

중요한 건 혁신적이고 독특한 아이디어를

어떻게 내 머릿속으로 들어오도록 하느냐가 아니라

어떻게 낡은 생각들을 머리 밖으로 밀어내느냐이다.

- 디 호크

고정관념을 깨뜨리는 괴짜가 되라

엄마는 차를 몰고 집으로 향했다. 햇살이 차창 안으로 들어왔다. 엄마 옆에 앉아 있던 네 살배기 브랜슨은 눈이 부신지 자꾸 눈을 찡그렸다. 그러면서도 빠르게 지나가는 세상 풍경이 마냥 신기한지 눈을 떼지 못했다.

"브랜슨, 이제 너도 네 살이니 다 컸구나."

엄마는 곁눈으로 아이를 보며 말했다. 네 살이면 아직도 한참 어린 나이인데, 엄마는 그렇게 생각하지 않는 모양이었다.

"엄마, 저 나무 이름은 뭐야?"

"엄마, 지금 운전 중이잖아. 나중에 가르쳐줄게. 그리고 오늘은 네가 할 일이 있단다.”

“할 일? 그게 뭔데?”

엄마는 갑자기 브레이크를 밟았다. 그리고 가장자리에 차를 세웠다.

“브랜슨, 내려라.”

“왜?”

“어서 내려.”

브랜슨은 눈을 깜박거리며 차에서 내렸다. 그러자 엄마는 차문을 닫더니, 차창 틈으로 브랜스을 향해 말했다.

“여기서부터는 너 혼자 오렴. 엄마는 먼저 집에 가서 기다리고 있을 테니, 조심해서 와야 한다.”

그 말만 남긴 채 엄마는 차를 몰고 가버렸다.

떨어져 가는 차를 보며 브랜슨은 놀란 표정을 지었다. 그곳에서 집과의 거리는 무려 4km 이상 떨어져 있었다. 참으로 난감하고 황당한 일이었다. 급기야 브랜슨은 울기 시작했다. 그리고 한참 후 울음을 멈췄다. 아무리 운다고 해도 도와줄 사람이 없다는 것을 깨달은 것이다.

잠시 후 브랜슨은 한 걸음 한 걸음 걷기 시작했다. 그리고 늦은 오후가 되어서야 집에 도착할 수 있었다.

세월이 흘러 브랜슨은 초등학교 5학년이 되었다. 어느 날 그는 예전에 경험했던 난감하고 황당한 일을 또 겪게 되었다. 집에서 무려 80여km나 떨어진 곳에서 자전거를 타고 집으로 와야 했던 것이다. 결국, 브랜슨은 다리 근육이 마비가 될 정도로 열심히 페달을 밟아 그 먼 거리를 달려왔다.

아이는 기진맥진한 모습으로 헉헉거리며 말했다.

"엄마, 저 왔어요."

"그래. 브랜슨 왔구나. 어서 씻고 밥먹자."

엄마는 아무 일도 없었다는 듯 너무도 태연하게 브랜슨을 맞았다. 엄마는 왜 이토록 힘들고 어려운 일을 아이에게 시킨 걸까? 파일럿이며, 탐험가였던 브랜슨의 엄마는 아이에게 독립심과 도전정신을 길러주기 위해 그렇게 한 것이다.

엄마의 영향 때문일까. 아이는 누구보다도 강하고 열린 사고를 가진 사람으로 성장했다.

열여섯 살이 되던 해, 브랜슨은 학교를 그만두기로 마음 먹었다.

그 결정을 엄마에게 말했다.

"엄마, 저 학교 그만 둘래요. 학교 다니는 게 별 재미가 없어요. 사업을 시작할 거예요."

"후회는 없겠니?"

"예."

"그래, 좋다. 네 인생이니 네가 결정하고 네가 책임지면 된다. 그런데 뭘 할 거니?"

"잡지를 만들려고 해요."

"잡지? 그게 가능하겠니? 넌 난독증이잖아?"

사실, 그는 선천성 난독증이란 장애를 갖고 있었다. 난독증은 글자나 단어를 뒤집어 읽거나 잘못 읽는 병이다. 예를 들어 숫자 6을 9로, 알파벳 C를 S로 읽거나 Good bye를 Bye good으로 읽기도 한다. 그런 장애를 갖고 있는 그가 잡지를 만들어보겠다고 하니 엄마가 걱정을 한 것이다.

"엄마, 전 할 수 있어요. 엄마가 말씀했잖아요. 기발한 생각으로 늘 새로운 일에 도전하라고요. 전, 반드시 해내고 말 거예요."

그의 눈빛을 통해 강한 의지를 확인한 엄마는 그제야 고개를 끄덕였다.

"그래, 좋아. 한 번 해봐라. 내가 약간의 돈을 투자해주마."

그렇게 해서 그는 〈스튜던트〉란 학생 잡지를 발행하기에 이르렀다. 잡지는 주로 교육에 대한 학교나 정부 측이 행하는 불합리한 관행이나 학생들의 인권에 대해 다뤘다. 나름대로 색깔도 있었고, 전문성도 있었다. 하지만 판매가 영 신통치 않았다. 그러나 값진 사업 아이템을 얻을 수 있었다. 바로 '음반 사업'이었다. 학생들이나 젊은 사람들은 음악 듣는데 많은 시간을 보내고 아무리 비싸더라도 갖고 싶은 음반이 있으면 반드시 산다는 걸 알게 된 것이다.

얼마 후 그는 음반 사업에 뛰어들었다. 회사 이름은 〈버진(virgin) 레코드〉로 정했다. '버진'은 '처녀'라는 뜻이었다. 좀 야한 이름이라며 주위 사람들이 반대했지만 그는 '처음 그대로 순수한 느낌'이라는 의미로 그렇게 이름을 붙였다.

통신판매를 통해 많은 수익을 올린 그는 다른 레코드 매장과의 차별을 꾀했다. 기존 레코드 매장은 오로지 음반만 판매하는 게 전부였지만 '버진 레코드' 매장은 여유롭게 음악도 들으면서 편안하게 머물게 하는 공간으로 꾸몄다. 음반뿐만 아니라 문화를 판매한 것이다. 순식간에 사람들은 매장을 가득 메웠고 많은 매출을 올릴 수 있었다.

'내가 직접 제작을 해볼까?'

그는 주저하지 않고 새로운 일에 도전했다. 음반 제작가에 도전한 것이다. 당시 무명가수였던 마이크 올드필드를 발굴해 음반을 출시했는데 1년 만에 무려 500만 장이 팔리는 엄청난 성공을 거두었다. 그 후 롤링 스톤스와 같은 유명 음악인들과도 같이 작업을 해 버진 레코드는 최고의 음반회사로 자리매김했다.

그는 거기에서 멈추지 않았다. 주변의 반대에도 불구하고 항공 사업에 진출했다. 항공 사업에 진출한 이유는 간단했다. 항공사의 서비스가 맘에 들지 않았기 때문이다. 차갑게 식은 닭고기가 제공되는 식사, 미소조차 없는 승무원의 태도, 재미없는 분위기……. 그것을 바꾸고 싶었다. 하지만 만만치 않았다. 이미 세계적인 항공회사인 '브리티시항공'이 버티고 있었기 때문이다. 하지만 이번에도 그는 포기하지 않았다.

'사업을 시작할 때 규칙이며, 조건이 뭐가 필요해. 재미있으면 되지 뭐.'

그렇게 해서 '버진애틀랜틱항공'이 탄생했다. 고객들이 더 편안하게 머물 수 있게 목욕은 물론 안마 서비스까지 제공했다. 이런 서비스를 싫어할 고객은 없었다. 고객은 점점 늘어났고, 항공사도 비로

소 자리를 잡기 시작했다.

그의 생각은 어디로 튈지 모르는 럭비공과도 같았다.

'사업에만 열중하다보니 인생이 좀 지루하고 재미없군. 뭐 즐거운 일 좀 없을까?'

어느 날 하늘을 쳐다보던 그는 혼잣말을 중얼거렸다. 그때 기막힌 아이디어가 떠올랐다.

'그래. 열기구를 타고 날아가는 거야!'

그의 엉뚱한 생각은 생각으로 그치지 않았다. 바로 도전으로 옮겨졌다.

얼마 후 그는 열기구를 타고 대서양 횡단에 나섰다. 하늘에서 신선한 공기를 마시며 손에 잡힐 것만 같은 구름을 보니 가슴이 뻥 뚫리는 듯 했다.

'왜 이런 세상을 진작 만나지 못했지? 정말 아름답군.'

그러나 열기구 여행은 그리 낭만적이지만은 않았다. 강한 바람 때문에 방향을 제대로 잡을 수 없었다. 결국 목표지점을 훨씬 벗어나 아일랜드 인근 바다에 착륙하고 말았다. 하마터면 목숨을 잃을 뻔도 했다. 그러나 그런 위험천만한 일을 그는 다시 또 시도했다.

'대서양은 봤으니까, 이제 하늘에서 태평양을 보고 싶군.'

그의 두 번째 도전은 일본에서 시작해 태평양을 건너 캐나다에 도착하는 것이었다.

"브랜슨, 준비됐습니까?"

"예. 물론입니다."

"지금이라도 늦지 않았어요. 바람이 많이 붑니다. 위험할 수 있어요."

"괜찮아요. 아직까지는 재미있습니다. 열기구 타는 게 재미없어지면 다른 걸 찾아 또 도전하겠지요. 지금 피한다고 해도, 저는 앞으로도 계속 위험하지만 재미있는 일을 또 할 겁니다. 그러니 말려봤자 소용없어요. 제가 이걸 타고 하늘로 올라가면 사람들이 재미있어하겠죠? 하하. 그럼, 됐어요. 사람들이 재미있으면 저도 즐거워요."

그를 태운 열기구는 곧 구름을 뚫고 작은 점이 되어 하늘 속으로 사라졌다. 그러나 이번 도전 역시 순탄하지만은 않았다. 열기구에 부착된 여섯 개의 연료통 가운데 세 개가 바다로 떨어진 것이다.

'큰일이네. 이러다가 아래로 곤두박질치겠어.'

어떻게 해야 할지 참으로 난감하고 두려웠다. 하지만 그는 은근히 위험천만한 그 상황을 즐겼다.

'이만한 스릴도 없으면 왜 굳이 이걸 탔겠어. 인간의 힘으로는 안 되는 일이니, 하늘이 알아서 해주겠지.'

다행히 대기권 상부의 제트기류를 만나 열기구는 떨어지지 않고 더 위로 이동할 수 있었다. 그렇게 해서 그는 캐나다 북부까지 태평양을 횡단하는데 성공했다.

그 후로도 그는 한계를 넓히고 새로운 것을 시도하는 괴짜의 삶을 멈추지 않고, 다시 또 새로운 사업에 발을 담궜다. 이번에는 콜라 사업이었다. 이미 전세계적으로 코카콜라가 부동의 1위를 차지하고 있었다. 그래서 감히 그 누구도 도전장을 내지 못하는 철옹성 같았지만 그는 독특한 이벤트로 코카콜라를 공략했다.

어느 날, 탱크 한 대가 뉴욕 42번가 타임스퀘어 광장에 나타났다. 그것을 본 사람들은 경악했다.

"도대체 이게 뭐야?"

"전쟁이라도 난 거 아냐?"

잠시 후 탱크는 코카콜라 광고판을 향해 뭔가를 뿜어내기 시작했다. 사람들은 깜짝 놀랐지만, 이내 웃음을 짓기 시작했다. 탱크가 뿜어낸 것은 다름 아닌 콜라였기 때문이다.

그렇다. 이날 탱크를 몰고 나타난 사람은 리처드 브랜슨이었다. 그는 미국 한복판에서 전세계인들이 가장 좋아하는 코카콜라 제품과 맞서 싸워 이기겠다는 퍼포먼스를 선보인 것이다.

사람들은 그 퍼포먼스를 보며 유쾌하게 웃었다.

"참으로 독특한 사람이네."

"저 사람 머릿 속에는 뭐가 들어있는 거야? 열기구를 타고 대서양과 태평양도 건넜다지. 정말 괴짜야, 괴짜."

그러나 그의 기행은 멈추지 않았다. 한 번은 외계인 ET복장을 한 채 직접 제작한 UFO를 타고 런던 시내 한복판에 나타나기도 했다. 그리고 최근에는 우주여행 상품을 내놓기도 했다. 자체 개발한 우주선 비행 시험을 했으며, 나아가 최초의 우주 관광객이 되려는 사람들로부터 예약신청도 받았다. 힐튼호텔의 상속녀이자 모델 겸 배우인 패리슨 힐튼과 물리학자 스티븐 호킹 박사도 그의 예약자 명단에 올라있다.

"저는 유치하고 엽기적이며 엉뚱한 걸 좋아합니다. 이런 것들이 웃음을 전파하기 때문이죠. 저의 삶도, 우리 회사도 사람들에게 웃음을 줬으면 합니다. 그게 제가 살아가는 이유죠."

'창조경영의 아이콘', '히피 사업가', '괴짜 CEO', '엉뚱한 모험가' 등의 수식어를 달고 다니는 그. 그가 바로 전세계에 약 200여 개 이상의 기업을 거느린 버진그룹의 창업자 '리처드 브랜슨'이다.

상식파괴자가 되라

사람들은 '의외성'에 주목한다

〈웃으면 복이 와요〉, 〈유머1번지〉, 〈개그콘서트〉. 온 국민들을 웃긴 대한민국의 대표적인 코미디 프로그램들이다. 저녁 시간이 되면 남녀노소를 불문하고 다들 TV 앞에 둥그렇게 앉아 그 프로그램을을 보며 깔깔댔다. 물론 지금도 개그 프로그램은 많은 사랑을 받고 있다.

그 이유는 우리의 삶이 그만큼 고단하고 힘겹다는 반증이기도 하다. 사람들은 아픔이나 상처, 고통이나 시름이 있을 때 그 누군가에게 기대어 위로받고 싶어 하며 보상받길 원한다. 울적한 마음을 위로받고 다시 또 힘을 얻을 수 있게 웃음을 주는 것, 그것이 바로 '유머'가 주는 힘이다.

사람들은 '의외성'에 웃음을 터트린다. 보통 사람이라면 저렇게 행동할 텐데, 개그맨들은 생각지도 못한 엉뚱한 행동으로 사람들의 허를 찌른다. 상식을 뒤집고 상황을 반전시키는 것이다. 그것이 바로 유머의 힘이고, 유머가 사랑 받은 이유이다.

일상을 돌아보면 무미건조하기 짝이 없다. 무거운 눈꺼풀을 비비며 억지로 일어나 아침밥을 먹는 둥 마는 둥 하고 허둥지둥 회사나 학교로 간다.

오늘이라고 뭐 특별한 일은 없다. 오늘 해야 할 일은 어제 했던 일의 반복일 뿐이다. 출근 후 점심을 먹고, 일을 하며, 저녁이 되면 다시 집으로 돌아온다. 다람쥐 쳇바퀴 돌듯, 그렇게 하루가 가고 인생이 간다. 그런 생활 속에서 사람들은 점점 지쳐간다.

상식을 깨는 기발한 상상력의 힘

단조로운 일상과 식상한 생각에 지친 사람들에게 신선한 재미와 기발한 발상으로 다가온 광고가 있다.

찬바람이 매서웠던 겨울 끝자락의 어느 날, 사람들의 눈을 사로잡는 것이 있었다. 육교와 지하철, 전봇대, 골목 등 사람들이 많이 다니는 곳에 붙어 있던 한 장의 종이가 바로 그것이다. 그 종이에는 '선영아 사랑해' 라고 쓰여 있었다.

그것을 본 사람들은 발걸음을 멈추고 그 종이를 물끄러미 바라보며 한 마디씩 하곤 했다.

"도대체 어떤 남자가 저리도 애타게 사랑 고백을 하는 거야."

"스토커 아냐? 조용히 사랑하지, 왜 이렇게 난리야."

"야, 너도 선영이잖아. 혹시, 네 남자친구가 붙인 거 아냐?"

"선영이는 좋겠다. 내 남자친구도 제발 좀 저랬으면 좋겠다."

세상은 온통 선영이에 대한 궁금증으로 증폭되어갔다. 때마침 국회의원 선거 시점이라 선거관리위원회에서는 혹시나 특정후보를 홍보하거나 음해하려는 작전이 아닐까 해서 신경을 곤두세웠다.

'도대체 선영이는 누구고 저걸 붙인 사람은 누구야?'

며칠 후 모든 궁금증이 다 풀렸다. 그것은 '마이클럽'이라는 여성전문 포털사이트의 홍보 전략이었다. 그것을 주도한 사람은 이진민 부사장이었다. 그녀는 국내 유수의 광고회사인 '제일기획'과 '금강기획'에서 14년간 카피라이터로 활동한 광고전문가였다. 이에 사업을 런칭하기에 앞서 일반인들의 호기심을 자극해 관심을 일으키기 위해 티저(Teaser)광고 기법을 선보인 것이다. 이를 통해 그녀는 상상 이상의 주목을 받으며 기분 좋게 사업을 출발할 수 있었다.

상식을 깨는 발상, 기발한 상상력은 그야말로 파급효과가 대단하다. 그러나 그 생각을 행동으로 옮기기 위해서는 일단 스스로 고정관념에서 벗어나야 한다. 하지만 고정관념을 깬다는 건 그리 쉬운 일이 아니다.

본의가 아님에도 마음이 어떤 대상에 쏠려 끊임없이 의식을 지배하며, 모든 행동에까지 영향을 끼치는 것이 바로 고정관념이다. 이처럼 고정관념은 하루 이틀에 완성된 것이 아니라 오랜 시간을 거치면서 습관화가 된 것이다.

세상이 변하듯 우리의 생각도 변해야 한다

어느 날, 왕이 궁궐 주변 시찰을 나갔다. 왕은 성벽을 거닐다가 숲이 우거진 외딴 길에서 보초를 서고 있는 한 병사를 발견했다.

왕은 병사에게 다가가 물었다.

"자네는 왜 여기에 서 있나?"

"……."

병사는 아무 말도 하지 못했다.

왕은 다시 한 번 병사에게 물었다.

"바로 앞이 가파른 절벽이라 적군이 침략할 수 없는 곳인데, 왜 여기서 보초를 서고 있나?"

그제야 병사는 머리를 긁적거리며 작게 말했다.

"모릅니다. 위에서 시키는 대로 했을 뿐입니다."

잠시 후 그 병사의 상관이 뛰어왔다. 왕이 똑같은 질문을 상관에게 했다.

그러나 그 역시 바로 대답하지 못했다.

"왜 여기에 서 있는 것인가?"

왕이 노여워하자, 그제야 그가 벌벌 떨며 말했다.

"저도 사실은 그 이유를 모르겠습니다. 선임자로부터 인계받은 대로 해온 것 뿐입니다."

이 이야기처럼 우리는 습관적으로 행해왔던 관행이나 틀에 박힌 사고방식에 익숙하다. 그로 말미암아 다른 관점이나 다른 행동을 스스로 차단하며 산다.

익숙함은 편안하기 때문에 좋긴 하지만 자칫 발전하고 변화하는데 족쇄가 될 수도 있다. 끊임없이 새로운 생각을 끌어내고, 새로운 도전과제를 과감히 수행해야 한다. 이 세상에 도전해서 이루지 못할 일은 없다. 다 버리고, 다 잊고, 다 놓으면 고정관념을 깰 수 있다. 그것을 깨는 순간, 호기심을 불러일으키고 관심이 집중된다.

역사와 문명은 고정관념을 깨고 기발하고 삐딱한 시선으로 도전한 소수의 사람들에 의해 발전해왔다. 아인슈타인이 그랬고, 갈릴레이가 그랬으며, 피카소가 그랬다.

생각을 달리 한다는 건 누구나 다 할 수 있다. 그러나 그것을 행동으로 옮기기에는 용기가 필요하다.

쇼펜하우어는 이렇게 말했다.

"모든 진리는 세 단계를 거친다. 첫 번째는 조롱당한다. 두 번째는 강한 반대에 부딪힌다. 세 번째는 자명한 것으로 인정받는다."

조롱과 강한 반대를 감당할 수 있는 사람만이 자신을 바꿀 수 있고 세상을 바꿀 수 있다.

상식파괴자가 되는 3가지 조건

《상식파괴자》의 저자 그레고리 번스는 리더가 되기 위해선 상식을 파괴하는 괴짜가 되어야 한다며, 3가지 조건에 대해서 강조했다.

"상식파괴자가 되는 데는 3가지 조건이 필요합니다. 지각, 공포반응, 사회지능이 바로 그것입니다.

'지각'이란 말 그대로 사물이나 현상을 봤을 때 남들과는 다르게 생각하는 것입니다. 그러나 거기에는 두려움이 따르지요. 바로 '공포 반응'입니다. 이 두려움을 극복하고 자신의 생각을 용기 있게 추진하는 사람만이 좋은 결과를 얻을 수 있습니다.

그러나 진정 성공하기 위해서는 자신의 생각을 세상에 알려 사람들의 공감과 호응을 얻어야 합니다. 이를 위해서는 사회지능이 필요합니다. 오늘날의 상식파괴자들은 역동적인 사회적 네트워크를 헤쳐 나가며, 지각의 전환에서 시작해 타인의 생각을 바꾸는 것으로 변화를 이끌어냅니다."

암탉에게 독수리 새끼를 맡기면 독수리 새끼는 자기가 닭이라고 생각하게 된다. 그렇게 되면 병아리처럼 아장아장 마당을 걸어 다니며 땅바닥에 떨어진 먹이를 쪼아 먹고 산다. 또 살아가면서 단 한 번도 하늘을 날 생각을 하지 않는다. 어쩌면 날개조차 펴보지 않을 것이다. 자신은 닭이라고 생각하기 때문이다.

머릿 속에서 한 번 굳어진 고정관념과 습관은 도전의식과 창의적인 생각을 방해한다. 알을 깨고 나와야 이 세상의 빛을 볼 수 있듯 고정관념을 깨야 새로운 생각, 새로운 삶을 만날 수 있다.

두려워마라. 독수리처럼 자유롭게 비상하라. 삐딱하게 세상을 보고 엉뚱하게 행동하라. 그리고 즐겨라.

우리가 즐거우면 보는 사람도 즐겁고, 세상도 훨씬 더 아름답고 행복해진다.

한 가지의 길만으로도 목적지에 이르기는 충분하다.

한쪽 길을 반쯤 가다가 그만두고,

다른 길로 반쯤 가다가 그만두고 하는 행위는

아무런 진전도 보장할 수가 없다.

하지만 어떤 길이 그대에게 맞지 않을 때는

그것을 과감하게 바꿀 수 있는 용기 또한 살아가는데 필요하다.

- 바바 하리 다스

세상 사람 모두가 반대해도
꼭 하고 싶은 일을 해라

미국에서 땅을 가장 많이 소유한 사람은 누구일까?

바로 뉴스 채널 〈CNN〉의 창업자 테드 터너이다.

미국의 부동산 잡지 〈더 랜드 리포트〉에 의하면 그는 전세계에 약 $8093km^2$의 땅을 갖고 있다고 한다. 이는 서울 여의도 면적의 약 954배에 이르는 것이다.

"왜 그렇게 땅 욕심이 많냐?"는 기자의 질문에, 그는 이렇게 말했다.

"영화 〈바람과 함께 사라지다〉에서 주인공의 아버지는 스칼렛 오하라에게 세상에서 죽음을 각오하고 싸워서 지킬 가치가 있는 건 오직 땅뿐이다, 라고 말했습니다. 저는 이 말에 전적으로 공감합니다.

땅만큼은 이 세상에서 유일하게 영원히 남아 있잖아요."

그의 인생에도 크나큰 사건이 몇 번 있었다. 그때마다 그는 자신의 신념을 꺾지 않았다. 자신의 인생이기 때문에 자신의 뜻대로 살아야 한다고 생각했기 때문이다. 그 생각이 지금의 그를 만들었다.

그는 어릴 때부터 옥외 광고회사를 운영하는 아버지 밑에서 일을 배웠다.

"터너, 이리 오너라."

열두 살이면 한창 친구들과 어울려 뛰어놀 나이였지만 아버지가 부르면 어쩔 수 없이 달려가야 했다. 그의 아버지는 빈틈없고 냉정하며 무서웠다.

"터너, 이 사다리 좀 들고 따라오너라."

사다리를 들고 터너는 아버지를 뒤따라갔다. 아버지는 밤새 만든 광고판을 들고 있었다.

"이 녀석아, 왜 이렇게 느려? 빨리빨리 와. 해 떨어지기 전에 끝내야 한단 말이야."

"예. 알았어요."

터너는 종종걸음으로 아버지를 따라갔지만 아버지의 빠른 걸음을 따라잡을 순 없었다.

아버지는 이웃 동네에 있는 빵집 앞에 멈춰 섰다.

"터너야, 사다리를 꽉 붙들어라. 내가 올라가서 광고판을 달아야 하니까. 알았지?"

아버지는 광고판을 들고 사다리 위로 올라갔다. 그런데 사다리가 흔들거렸다. 그러자 아버지가 버럭 화를 내며 말했다.

"이 녀석아, 꽉 잡으라니까! 그렇게 대충 잡으면 어떻게 해! 뭐든지 확실히 좀 해."

터너는 고개를 숙인 채 사다리를 있는 힘껏 잡았다. 아버지는 땀을 뻘뻘 흘리며 건물 벽면에 광고판을 겨우 달았다.

"휴, 다 됐다. 이제 돌아가자."

집으로 돌아오는 길에 아버지는 터너의 머리를 쓰다듬으며 말했다.

"일을 돕는 게 힘들겠지만, 나중에 어른이 되면 이 모든 것들이 큰 도움이 될 거다. 그러니 요령 피우지 말고 잘 배우렴."

그 후 터너는 방학 때면 어른들처럼 주당 42시간씩 일을 하며 아버지로부터 다양한 일을 배웠다. 광고판 제작에서부터 페인트칠, 광고판 설치기술까지. 거기에 그치지 않았다. 아버지는 터너에게 영업은 물론 수익을 창출하는 방법, 사무실을 구할 때 필요한 임대계약서 작성법까지 사업에 관한 모든 일들을 꼼꼼히 알려줬다. 아버지는 터너를 자신의 사업을 이어갈 후계자로 키우고 싶었던 것이다.

하지만 얼마 후 터너와 아버지의 불화가 시작되었다. 두 사람은 터너의 진로문제로 심한 갈등을 겪게 되었다.

터너는 진지한 표정으로 아버지에게 말했다.

"아버지, 저 브라운대학에서 그리스어를 전공하고 싶어요."

그러자, 아버지는 어이가 없다는 듯 입을 벌린 채 터너를 쳐다봤다.

"그게 지금 무슨 소리냐? 그리스어라니. 너 지금 제정신이냐?"

"전 이미 결정했어요."

"그런 과에 널 보내려고 이제껏 널 키워온 줄 아니? 그건 안 된다. 사업에 성공하려면 경영학과에 가야 해."

'성공'을 최고의 가치로 여겼던 아버지는 당연히 터너의 결정을 반대했다. 하지만 터너 역시 고집을 꺾지 않았다.

"저는 지금까지 아버지의 말을 단 한 번도 거역한 적이 없어요. 제가 여섯 살 때 아버지는 저를 강하게 키우고 싶었는지 신시내티 군사학교에 입학을 시켰어요. 아홉 살 때는 조지아 군사학교에 입학시켰고, 그 후에는 맥갈리 군사학교를 다녀야 했죠. 물론 군사학교를 다닌 것에 대해 아버지를 원망하지도 않고 후회도 없어요. 규율이 심했지만 그래도 제 적성에 맞았기 때문이예요. 하지만 이제 저도 인생을 책임질 나이가 되었어요. 그러니 대학만큼은 제가 원하는 과에 가고 싶어요."

"그건 절대로 안 된다!"

터너와 아버지는 둘 다 끝내 양보하지 않았다. 결국 터너는 아버지의 반대를 무릅쓰고 그리스어과에 입학했다.

아버지는 자신의 말을 거역한 터너에 대해 섭섭하고 격분한 나머지 분노의 편지를 보냈다.

사랑하는 아들, 터너에게

세상에 이럴 수가 있니? 고전문학을 전공으로 선택하다니. 너의 선택에 어찌할 바를 모르겠구나.

나는 교육의 목적은 같은 가치관을 가진 공동체를 발전시키고 주변 사람들과 더불어 살아가는 법을 배우는 것이라고 생각한다. 그러는 과정에서 동기부여가 되고 목표가 정해지고 좋은 사람들을 만날 수 있다. 그런데 네가 그리스어를 배우려 한다니. 죽었다 깨어나도 널 이해할 수가 없구나. 대체 그리스어로 누구랑 대화를 나누겠다는 게냐?

······

······

아무리 생각해봐도 넌 결국 바보가 될 게 뻔하다. 네가 당장 그 끔찍한 환경에서 빠져 나왔으면 한다. 그러나 네가 계속 그 길로 나가 그 세계에 발을 담그겠다면 나는 나대로 살 수밖에······.

내가 옳은 거면 좋겠다. 넌 지금 원수들의 함정 속에 빠져 있다.

내가 왜 널 그리로 보냈지. 유감이구나.

그러나 아버지의 완강함에도 불구하고 터너는 자신의 뜻대로 그리스어를 전공했다. 그리고 아버지에게 맞섰다. 아버지가 보낸 편지를 대학신문 〈브라운 데일리 헤럴드〉에 익명으로 발표한 것이다. 이는 그리스어에 대해 모독한 아버지에 대한 경고였으며, 자신의 인생은 자기 것이라는 강력한 메시지였다.

그러나 얼마 후 터너는 기숙사에 여자를 끌어 들였다는 이유로 퇴학을 당하고 말았다. 할 수 없이 다시 아버지 회사에서 일하게 된 그는 자신에게 여러모로 실망했을 아버지에게 자신이 능력 있는 아들이라는 걸 보여주기 위해 열심히 일하면서 회사 발전에 기여할 좋은 아이디어를 자주 냈다.

스물네 살이 되던 1962년, 그는 아버지와 다시 한 번 충돌하게 됐다. 아버지가 경쟁사를 인수하기 위해 회사 돈이며, 개인 재산까지 모두 다 쏟아 붓었기 때문이다.

터너의 생각은 달랐다.

"아버지, 이건 아니에요. 굳이 이렇게까지 하지 않아도 됩니다. 왜 이렇게 무리를 하세요?"

"넌 상관하지 마라. 지금이 아니면 안 돼."

그렇게 해서 아버지는 경쟁사를 인수했지만 엄청난 빚 때문에 회사의 운명이 위태로운 지경까지 이르게 되었다. 결국, 아버지는 빚에 대한 부담감과 미래에 대한 불안감을 감당하지 못해 유언장을 남긴 채 자살을 택하고 말았다.

아버지의 죽음은 터너에게 크나큰 충격이자 시련이었다. 그런데 그를 더 가슴 아프게 한 건 아버지의 유언장이었다. 아버지는 터너에게 회사를 맡기는 대신 회사를 매각할 조치를 취해놓았던 것이다.

'이럴 순 없어! 아버지는 날 믿지 못하겠지만 난 내 자신을 믿어! 이대로 회사를 넘길 순 없어!'

그는 아버지의 유언장에 반기를 들었다. 그리고 사람들 앞에서 회사를 절대 뺏기지 않겠다고 선언했다.

"저희 아버지는 원래부터 우울증이 심했고 망상증이 있었습니다. 그러니 이 유언장은 무효입니다. 전 절대로 이 회사를 그 누구에게도 넘기지 않을 겁니다."

그는 법적소송까지 불사하겠다는 의지를 보였다. 그의 강한 의지와 뛰어난 사업적 감각은 결국 은행 사람들의 마음을 사로잡았다. 그 결과 대출을 받을 수 있었고, 기울어가는 회사를 다시 일으켜 세울 수 있었다.

회사가 어느 정도 안정권에 들어서자, 그는 방송 미디어 쪽으로 시야를 넓혔다. 가장 먼저 애틀랜타 방송국을 인수했다. 그리고 새로운 도전을 준비했다.

당시만 해도 방송사들은 드라마나 오락, 스포츠에만 치중했다. 그러다보니 '바보상자'라는 악평을 들어야 했다. 터너 역시 그런 비판에 반박하지 않았다. 사실 그도 그렇게 생각하고 있었기 때문이다.

'그래. 방송 문화를 바꿔야해. 단순히 오락적인 것만이 전부는 아니야. 뉴스에 도전하자.'

그는 임원들에게 세계 최초로 24시간 뉴스 전문채널을 출범시키겠다고 선언했다. 그러자 임원들이 거세게 반발했다.

"사장님, 안 됩니다. 사람들은 즐겁고 유쾌한 걸 좋아합니다. 그런데 24시간 뉴스 채널이라니요. 상품성이 전혀 없습니다. 뉴스 채널을 만들 바에야 차라리 오락 프로그램을 몇 개 더 만드는 게 낫습니다."

그러나 터너는 고개를 내저었다.

"아닙니다. 지금 당장은 재정적으로 어렵겠지만 분명 사람들이 뉴스에 매료될 것입니다. 사람들은 세상에서 일어나는 일을 궁금해 하고 관심도 많습니다. 언젠가는 뉴스 채널이 최고의 프로그램이 될 거라 확신합니다. 저를 믿고 따라와주세요."

임원들이 여전히 고개를 갸웃거렸지만, 그는 강한 신념으로 밀어붙였다. 그렇게 해서 1980년 세계 최초로 24시간 뉴스 전문채널인 'CNN'이 탄생하게 되었다. 그러나 개국 첫 해 적자를 기록하자, 임원들은 다시 그에게 뉴스 채널을 포기할 것을 요구했다.

"사장님, 지금이라도 뉴스 채널을 접는 게 좋겠습니다. 이대로라면 몇 해도 못 가서 다 끝장날 판입니다."

"여기서 포기할 거라면 아예 처음부터 시작도 하지 않았습니다. 해외 특파원 수를 더 늘려야겠습니다. 발 빠른 현장성을 확보한다면 분명 승산이 있습니다."

그의 판단은 옳았다. CNN은 1989년 중국 민주화 운동의 상징인 천안문 사태는 물론 제2차 세계대전 후 냉전체제 아래서 연합국에 의해 강제로 분단되어 있던던 동독과 서독이 하나의 독일로 통합되는 모습은 물론 1991년 걸프전 역시 그 전황을 현장에서 실시간 생생하게 보도했다.

밤 시간대 겨우 30여 분 뉴스를 보던 사람들에게, 역사적인 사건들을 생방송으로 본다는 건 가히 획기적인 사건이었다. 사람들은 CNN에 열광했고, 이로 인해 CNN은 엄청난 광고 수익을 거둘 수 있었다.

그는 한 언론과의 인터뷰에서 CNN에 대한 생각과 자신의 신념에 대해 이렇게 밝혔다.

"어떤 일이 있어도 결코 방송을 중단하는 일은 없을 겁니다. 지구

가 멸망한다고 해도 분명 우리 CNN은 그 현장에 가서 취재하고 보
도할 것입니다. 또한 저는 앞으로도 내가 하고자 하는 일이 마음속
에서 강한 신념으로 굳어진다면 세상 사람들이 다 반대해도 그 일을
해낼 것입니다."

진짜 인생을 살아라

승부사 기질이 없으면 평생 남에게 끌려 다닌다

'내가 누구지?', '내가 지금 뭘 하고 있지?'

살다보면 문득 이런 생각이 들 때가 있다.

이처럼 자신이 누구이고, 왜 살아야 하며, 무엇을 하고 있는지, 삶의 의미와 목적을 생각하게 되는 이유는 바로 '자아의식' 때문이다.

그렇다면 왜 갑자기 그런 생각들이 드는 것일까? 지금의 생활에 만족하지 못하거나, 누군가에게 종속된 삶을 살고 있기 때문이다. 그렇다고 절망적이라는 것은 아니다. '내가 누구지?' '내가 지금 뭘 하고 있지?'라는 질문 안에는 '나는 새로워질 거야'라는 열망과 각오가 숨겨져 있다. 이는 곧 '예전의 나', '가짜인 나'의 삶을 버리고 진짜 인생을 멋지게 한 번 살아보겠다는 선언이기도 하다.

지금까지 당신의 삶은 어땠는가?

혹시 이미 만들어진 관습의 테두리에서 벗어나지 못한 채 거부할 수 없는 명령이나 남들이 요구하는 일속에서 순종하며 살아오진 않았는가? 새로운 삶을 살 수 있는 기회가 몇 번이고 찾아오긴 했지만 변명거리나 핑계를 준비해두며 늘 거부해 오진 않았는가?

진짜 인생은 자신의 선택으로부터 시작된다. 하기 싫은 일을 평생 동안 한다고 해서 누가 알아주는 것도 아니고 연장자의 지시나 명령에 순종한다고 해서 훈장을 주는 것도 아니다. 남의 충고는 받아들이되, 결국 모든 것은 자신의 감각과 이성, 전략에 의해 판단하고 선택해야 한다.

자아의식이 강할수록 행복한 삶을 살 확률이 높다

자아의식이 강한 사람은 자신의 선택과 판단에 신념이라는 에너지를 불어넣는다. 때문에 자신이 택한 일로 인해 자신이 더 힘든 상황에 처한다 해도 그리 크게 실망하지 않는다. 자신에 대한 믿음이 있기에 후회 없고, 핑계를 대지 않으며, 환경을 탓하지도 않는다. 그러나 자아의식이 약한 사람은 잘못에 대해 책임지려 하지 않고 그 상황을 피하거나 숨기기에 급급하다. 그러면 순간의 위기는 모면할 수 있을지 모르지만 그 때부터 자신의 진짜 삶은 사라지게 된다.

자아의식은 뿌리와도 같은 것이다. 흔들리지 않고 자신의 신념으로 인생을 살기 위해선 인생 앞에 자신을 세워놓고 냉철하고 객관적으로 바라볼 줄 알아야 한다. 그래야만 진짜 나, 진짜 삶이 시작되기 때문이다.

스티븐 잡스는 자신의 선택이 결정되는 순간부터 자신의 진짜 인생이 시작되었다고 스탠포드 졸업식 연설에서 말한 바 있다.

"아시겠지만, 저는 대학을 졸업하지 않았습니다. 포틀랜드 리드 대학에 6개월 다닌 후 그만 두었습니다. 그만 둔 이유가 있습니다. 제 생모는 미혼의 젊은 대학생이었습니다. 그녀는 형편상 입양을 원했는데 대졸자 부부를 원했습니다. 생모는 변호사 부부를 선택했지만 딸을 원했던 변호사 부부는 저를 포기했습니다. 결국 저는 다른 부부에게 입양되었는데, 그들은 대학을 나오지 않았습니다. 이 때문에 생모는 몇 달 간 서류에 사인을 해주지 않다가 '대학에 꼭 보내겠다'는 약속을 받고 나서야 그 부부에게 저를 보냈습니다.

그로부터 17년 후 저는 정말로 대학에 진학했습니다. 그러나 학비가 스탠포드와 맞먹을 만큼 비쌌습니다. 양부모는 생모와의 약속을 지키기 위해 밤낮으로 일했고, 평생 저축한 돈을 다 써야만 했습니다. 이를 지켜보던 저는 한 학기가 지나자 진지하게 고민하기 시작했습니다.

저는 제가 뭘 원하는지 몰랐고, 대학이 그걸 어떻게든 알게 해줄지 알았지만, 대학이 어떤 도움도 주지 않는다는 걸 알았습니다. 그래서 더 이상 학비 때문에 양부모를 힘들게 하고 싶지 않아 고민 끝에 대학을 그만 두었습니다."

스티브 잡스! 인생에서 그가 첫 번째 내린 결정은 바로 대학을 그만 두는 일이었다. 주위의 만류에도 불구하고 그는 그런 결정을 내렸다. 그 이유는 간단하다. 자신의 생각이 그랬기 때문이다. 그 결정을 계기로 그는 진짜 인생을 살 수 있었다.

자기 자신을 제외한 모든 사람들은 삶의 보조자일뿐

지금까지 살아왔던 삶을 되돌아보라. 다른 누군가의 판단이나 지시에 근거해 살아온 건 아닌지, '넌 할 수 없어' 라는 말만 믿고 시도조차 하지 못하고 포기하며 살아온 건 아닌지 점검해보라.

나 자신에 대해 가장 잘 아는 사람은 누구일까?

바로 자기 자신이다. 자신의 장점이 무엇이고, 단점이 무엇이며, 능력이 어디까지인지 다 알고 있다. 그럼에도 불구하고 내면의 두려움 때문에 자신의 능력을 평가절하한다.

누구나 다 스스로 할 수 있는 판단력과 결정권을 가지고 있다. 다만 그것을 실행하지 못하는 건 남들의 판단이나 선택에 의해 살아왔던 삶에 익숙하고, 다른 사람이 나를 어떻게 생각할까에 대한 두려움 때문이다. 그러나 다른 사람들의 시선과 관념에 언제까지 자신을 맞출 순 없지 않는가.

인생 설계도를 누군가가 그려줄 순 있지만 완성하는 건 바로 자기 자신이다. 결국 자기 자신을 제외한 모든 사람들은 삶의 보조자일 뿐이다.

진짜 나, 진짜 인생을 사는 법

첫째, 최고의 실력을 쌓아라.

뭐든지 실력이 있어야 한다. 나이가 어려도, 가진 것이 없어도, 배움이 짧아도, 자기가 하는 분야에서 최고의 실력을 쌓는다면 그 누구도 감히 명령이나 지시를 할 수 없다. 실력이 없으면 다른 사람에게 의지하게 되어 결국 자신의 의지와 상관없는 일을 하게 된다. 그렇게 되면 일에 대한 만족도는 당연히 떨어지고 자신감 역시 사라지게 된다.

실력을 쌓기 위해선 라이벌을 한 사람 정하고 그 사람을 따라하는 것이 좋다. 그러면 목표가 생기고 실력이 자연스럽게 쌓이게 된다.

오다 노부나가 밑에 있던 도요토미 히데요시는 그가 섬기던 오다 노부나가를 라이벌로 생각하고, 그의 말과 행동을 흠모하며 그와 같은 사람이 되고자 노력했다. 그 결과, 오다 노부가도 하지 못했던 일본 전국을 통일할 수 있었다.

둘째, 흔들리지 않는 곧은 신념을 가져라.

신념은 자기 자신에 대한 믿음, 이루고자 하는 일에 대한 강한 열망, 반드시 해내고 말겠다는 독한 의지의 표출이다. 한 번 굳어진 신념은 그 무엇이 방해를 하고, 누군가가 굴복시키려 해도 절대로 무너지지 않는다. 그리고 시간이 지날수록 강한 소망이 되고, 소망을 이루기 위한 방법을 자기 주위로 끌어들이며, 마침내 엄청난 힘을 발휘해 목표를 이뤄내게 한다. 하지만 의심과 두려움에게 조금이라도 자리를 내주면 신념은 모래성처럼 힘없이 무너진다.

미국의 철강재벌 앤드류 카네기는 이렇게 말했다.

"저는 젊었을 때 가난과 기회가 오지 않는 것을 저주했습니다. 저를 조금이라도 아는 사람이라면 이 사실을 잘 알 겁니다. 하지만 어느 순간부터 그것이 잘못됐다는 걸 알게 되었습니다.

여러분, 신념을 가지십시오. 신념이 있으면 자신이 원하는 것보다 훨씬 더 많은 것을 얻을 수 있습니다. 신념은 어느 개인의 소유물이 아닙니다. 가장 비천한 사람도 가장 위대한 사람처럼 사용할 수 있는 힘이 바로 신념입니다."

셋째, 승부수를 띄워라.

기회는 자주 찾아오는 게 아니다. 따라서 기회다 싶으면 승부수를 띄워야 한다. 승부수를 띄운다는 건 목숨을 걸 만큼 집요하고 끈질겨야 한다는 것이다.

누구나 다 집요함과 끈기를 가지고 있다.

어린 아이들은 갖고 싶은 장난감을 발견하면 그것이 아슬아슬한 책상 위에 있더라도 결국 기어서 거기까지 가고 만다. 잘못돼서 떨어질 수도 있고, 다칠 수도 있다는 건 전혀 생각하지 않는다. 오직 목표에만 집중하고 전진한다. 그러나 나이를 먹을수록 생각이 많아지고 두려움이 많아진다.

그렇다. 기회가 왔다 싶으면 어린 아이의 집요함과 무모함이 필요하다. 절대로 도중에 정지 스위치를 눌러선 안 된다.

보험 세일즈로 스물일곱 살에 백만장자 대열에 오르고, 수십억 달러에 달하는 자기계발 산업의 개척자가 된 폴 마이어의 조언에 귀를 기울여보자.

"저는 열아홉 살에 보험회사에 취직했다가 3주 만에 쫓겨나고 말

있습니다. 말을 더듬는다는 게 그 이유였죠. 결국 다른 회사에 들어가기 위해 최선을 다했지만 모두들 저를 거절했습니다. 그 횟수가 무려 57번이나 되었죠. 그러나 저는 좌절하지 않았습니다. 오히려 당당하게 그들에게 말했습니다. '당신들은 이 나라에서 제일 가는 세일즈맨을 놓쳤소! 정말로 안타깝군요' 라고 말입니다. 그렇습니다. 저는 최고의 세일즈맨이 되고자 하는 열망이 그 누구보다도 강했습니다. 결국 그 열망은 신념이 되었고, 마침내 저는 열망과 신념을 이루게 되었습니다. 보험 판매로 백만 달러의 수입을 올렸을 때 제 나이는 고작 스물일곱 살이었으니까요.”

마음이 명령하고, 가슴이 시키는 일을 하라!

나는 랑게리니에를 따라 걷고 있었다.

겉으로는 무관심한 척 주변 상황에

전혀 관심을 기울이지 않는 듯했지만,

실은 어느 것 하나 놓치지 않고

주변을 샅샅이 훑어보고 있었다.

그녀가 신비로운 모습으로

그곳에 있었기 때문이다.

나는 그녀에게서 시선을 뗄 수 없었다.

내 눈은 더 이상 주인의 의지에 복종하지 않았다.

— 키에르케고르

다 보여주지 마라.
신비감을 간직해라

흔히들 '예술은 깊이가 있어야 한다'고 말한다. 그런 면에서 팝아트의 선구자 앤디 워홀 작품은 늘 비평가들로부터 '깊이'에 대한 지적을 받아왔다. 하지만 정작 당사자인 앤디 워홀은 그렇게 생각하지 않았다.

'시대를 앞서가는 예술은 어느 정도 비난과 비판을 감수해야 한다'고 그는 생각했다.

그의 작품은 대중들로부터 많은 사랑을 받았고, 이전에 보지 못했던 새로운 세계를 보여줬다.

이를 반증하듯 그의 작품은 경매에서 최고가를 기록할 만큼 인기

가 높다. 시대를 앞선 정신과 대중들의 사랑이라는 두 마리 토끼를
다 잡은 것이다. 어떻게 그것이 가능했을까?

앤디 워홀. 그는 1928년 펜실베이니아 주 피츠버그 부근의 가난한
집안에서 태어났다. 아버지는 광부였지만 약물중독으로 3년 동안
앓다가 그가 열네 살 되던 해 세상을 떠나고 말았다. 그때부터 그가
실질적인 가장이 되었다. 그는 고등학교는 물론 카네기 대학을 졸업
할 때까지 스스로 학비를 벌지 않으면 안 되었다. 그래서 닥치는 대
로 일을 해야 했다.

그는 손기술이 좋았다. 라디오나 전기제품을 분해하고 조립하기
를 즐겼고, 특히 미술에 대한 소질이 탁월했다. 막대기로 땅에 그림
을 그리면 친구들이 감탄하기도 했다.

청년이 된 그는 뭘 해야 성공할 수 있을지 깊은 고민에 빠졌다. 수
많은 고민 끝에 그는 결국 자신이 좋아하는 미술을 선택하기로 결정
했다.

'미술계에 길이 남을 위대한 화가가 되자.'

무명에 가까웠지만 꿈 하나만은 거창했다. 당시 그는 패션 잡지사
에서 예쁘장한 삽화를 그리는 일러스트레이터로 활동했다.

'내 이름을 알리려면 전략이 필요해. 그러자면 유명한 사람들과
인연을 맺어야해.'

그는 당시 최고로 유명했던 소설가 트루먼 커포티에게 무작정 편
지를 보냈다.

안녕하세요, 트루먼 커포티 선생님.

저는 잡지사에서 삽화를 그리는 청년입니다.

실례인 줄 알지만 제 삽화를 보여드릴

기회가 없어서 이렇게 편지를 띄웁니다.

다음 소설책을 낼 때 혹시 삽화가 필요하면

저와 함께 작업을 하면 어떨까요?

제가 그린 삽화도 몇 장 보냅니다.

늘 건강하시고 행복하세요.

– 앤디 워홀

물론 답장은 없었다. 그렇다고 포기할 그가 아니었다.

직접 그의 집을 찾아갔다. 그러나 그는 집에 없었다. 그렇다고 그냥 되돌아올 수도 없었서 그의 어머니와 담소를 나누며 그를 기다렸다. 얼마 후 집에 돌아온 그는 이상한 눈빛으로 앤디 워홀을 쳐다보았다.

"당신은 누구죠?"

"안녕하세요, 선생님. 며칠 전에 편지와 삽화를 보낸 앤디 워홀이라고 합니다."

"도대체 이게 무슨 짓이오? 이렇게 불쑥 찾아오면 어쩌자는 겁니까? 어서 나가세요."

결국, 앤디 워홀은 쫓겨나고 말았다. 커포티는 아주 불쾌했는지 인상을 찌푸리기까지 했다.

'뭐 저런 사람이 다 있어. 무례하기 짝이 없군!'

앤디 워홀 역시 화가 났지만 꾹 참았다. 그리고 언젠가는 반드시 유명한 사람이 되겠다며 마음을 다잡았다.

'그래, 좋아. 세상의 부름을 언제까지 기다릴 수만은 없어. 내가 먼저 세상의 관심을 끄는 거야. 대중들의 호기심을 받는 거야. 반드시 유명한 사람이 되고 말 거야. 그러려면 지금까지 볼 수 없었던 낯선 작품을 만들어야 해.'

그는 그때까지 시도되지 않았던 낯선 작품을 만들기 위해 10년 가까운 시간을 매달렸다. 그리고 그 작품들을 들고 뉴욕으로 갔다. 당시 뉴욕은 2차 세계 대전 중 전쟁을 피해 온 예술가들로 넘쳐났다.

얼마 되지 않아 그에게도 기회가 찾아왔다.

"구두광고 그림을 그려달라고요? 고맙습니다. 아주 색다른 그림을 보여드리겠습니다."

그는 작품 구상을 위해 몇날며칠을 골방에서 지냈다. 그리고 드디어 자신만의 방식으로 그림을 완성했다. 기름종이에 잉크로 그림을 그린 후, 그 위에 잉크가 잘 흡수되는 종이를 얹어 그림을 찍어내는 방식이었다. 그림은 깔끔하면서도 독특한 분위기를 자아냈다. 그 결과, 구두광고는 사람들로부터 큰 호응을 얻었으며, 그 역시 점점 이름을 알릴 수 있었다. 그리고 마침내 맨하튼 스테이블 갤러리에서 전시회까지 열 수 있었다.

그의 작품은 정말 독특했다. 그는 전시회장 벽에 코카콜라 병과 캠벨 수프 깡통 같은 그림들을 전시했다. 전시회를 찾은 사람들은 고개를 갸웃거렸다.

'도대체 이게 뭘 의미하지?'

'이것도 작품이라 할 수 있나?'

작가의 의도와 주제에 대해서 알고 싶었던 비평가들은 앤디 워홀에게 물었다.

"워홀 씨, 이 작품들에 대해서 설명 좀 해주세요. 의도가 뭐죠?"

하지만 그는 엉뚱한 대답으로 일관했다.

"그냥 좋아서 했습니다. 제가 수프를 좋아하거든요. 물론 콜라도 좋아하구요."

전시회가 진행되는 내내 그는 사람들과 떨어져 멍하니 뒷편에 서 있기만 했다. 이는 기존의 화가들과는 사뭇 다른 모습이었다.

그는 철저히 자신을 감췄고, 작품에 대한 생각도 밝히지 않았다. 그러자 사람들과 비평가들은 그의 작품에 대한 새로운 해석을 쏟아내기 시작했다.

"이 작품들은 새로운 세계를 연 거야. 아무것도 말하지 않지만 오히려 그 침묵 속에는 분명 새로운 세계를 열겠다는 강한 도전정신이 보여."

"대량 소비문화에 젖은 현대 문명사회의 단면을 보여준 것 같아."

순식간에 그는 대중예술의 선구자로 각광받기 시작했다.

그 후 그는 맨하튼에 커다란 창고를 빌려, 일명 '공장'이라는 독특하게 꾸민 작업실을 열었다. 벽과 기둥의 일부를 은종이로 도배하고, 벽돌담과 다른 공간은 은색 스프레이를 뿌렸다. 그리고 한가운데 빨간색 소파와 헬륨을 넣은 은색 베개를 갖다 놓았다.

그가 작업실을 열었다는 소문은 금세 퍼졌고, 곧 수많은 사람들이 몰려들었다. 그는 누구라도 모두 환영했다. 또 사람들을 위해 밴드를 불러 쇼를 열기도 했다. 사람들은 시간이 지날수록 그의 개방적이고 독특한 사고방식에 점점 빠져들었으며, 그와 한 마디라도 더 말을 나누기 위해 경쟁적으로 그의 주위에 몰려들었다.

"워홀, 반가워요. 나는 뉴욕에 사는 브래드예요."

"난 문화비평가 잭이예요. 언제 심도 깊은 얘기를 나누고 싶은데 시간 좀 내줄 수 있나요?"

그러나 그는 여전히 말을 아꼈다.

"감사합니다. 즐거운 시간되십시오."

하지만 그럴수록 사람들은 오히려 그에게 더 다가오려고 했다.

그는 미술작업 외에 영화제작에도 손을 댔는데, 그가 만든 영화야말로 독특함과 신비감의 결정체였다.

8시간짜리 영화 〈엠파이어〉는 엠파이어 스테이트 빌딩을 8시간동안 찍은 것으로 스토리나 극적인 장면은 단 한 장면도 없다. 저녁이 되면 빌딩에 불이 들어오는 게 전부였다.

〈잠〉이란 영화 역시 잠자는 남자를 8시간 동안 계속 비춰주는 게 전부이며, 〈먹다〉란 영화는 45분 동안 버섯을 먹는 모습만 나온다. 키스 장면만 담은 50분짜리 영화도 있다. 그만큼 그의 영화는 독특했고 사람들의 관심을 끌었다. 그러자 여기저기에서 강연 요청이 쇄도했다. 하지만 그는 사람들 앞에 나서는 게 싫었다. 그래서 꽤 흥미

진진한 작전을 펼쳤다. 앨런 미지트라는 배우를 자신과 비슷하게 만든 것이다. 그에게 선글라스를 씌우고, 머리를 염색시킨 후 자기 옷을 입혀 강연장에 세웠다.

"선생님의 작품 세계에 대해서 설명 좀 해주세요."

학생들의 질문에 배우는 단답형으로 말했다.

"이미 작품들이 다 말했잖아요."

배우가 미술에 대해 잘 몰랐기 때문에 짧게 대답한 것인데, 청중들은 이에 더 열광했다. 다행히 그 배우가 앤드 워홀이 아니라는 사실을 청중들은 눈치채지 못했다.

그 후에도 그는 계속해서 그만의 독특한 작품세계를 펼쳤다. 실크스크린으로 찍은 엘리자베스 테일러, 엘리스 프레슬리, 마릴린 먼로 등도 작품화했다. 친숙한 얼굴을 소재로 했기 때문에 이것 역시 많은 사람들의 주목을 끌었다. 이처럼 그의 작품이나 삶은 낯설고 생소하며 때론 신비스럽기 그지 없었다.

그가 수줍고 소심해서 사람들 앞에 나서는 걸 두려워 한 나머지 자신만의 세계에 갇혀 있었기에 독특함이 빛을 발했는지, 아니면 사람들의 호기심을 자극하기 위해 일부러 호기심 전략을 썼는지는 아무도 알 수 없다. 그러나 그가 여전히 많은 사람들의 가슴속에 살아 있는 신비로움 가득한 예술가라는 사실은 부정할 수 없다.

사람들을 궁금하게 만들어라

왜? 라는 호기심과 친구가 되어라

추리소설이나 범죄 스릴러 영화의 매력은 뭘까?

당연히 '궁금증' 유발이다. 무시무시한 사건의 범인이 누구이며, 도대체 왜 범죄를 저질렀는지에 대해 초반부나 중반부까지는 전혀 알 수 없다. 때문에 중간에 책을 덮거나 극장을 빠져나갈 수 없다. 도저히 궁금해서 다른 일이 손에 잡히지 않기 때문이다. 범인을 알아내기 전까지는 책을 덮지도 영화관을 나갈 수도 없다. 시간이 흐를수록 양파 껍질 벗겨지듯 범죄의 실체가 드러나고 범인의 모습이 드러나면서 사람들은 오싹함과 스릴을 느끼게 된다. 바로 이 '궁금증' 유발이 추리소설이나 범죄 스릴러 영화를 이끌어가는 기본공식이자 흥행의 열쇠이다.

그런데 만약 처음부터 범인의 윤곽이 드러났다고 해보자. 어떻겠는가? 스토리의 팽팽한 긴장감 내지 스릴감이 현저히 떨어지고 다음 장면에 대한 기대감 역시 사라진다. 나아가 그런 책이나 영화는 사람들로부터 외면 당하고 결국 실패하고 만다.

사람들은 '왜'에 대한 의문에 대해 흥미를 보인다. 다른 사람들이 모르는 비밀을 나만 알고 싶어 하는 강한 욕구 때문이다.

에디슨이 수천 종에 이르는 발명품을 발견한 것도, 인간이 달나라에 갈 수 있었던 것도, 뉴턴이 사과가 떨어지는 것을 보고 만유인력의 법칙을 발견한 것도 모두 '왜'라는 호기심이 알고자 하는 욕구를 자극했기 때문이다.

호기심은 알고자 하는 욕구와 마음을 끌어들이는 마력을 가지고 있다. 그 심리를 잘 활용한다면 관심 유도는 물론 여러 면에서 짭짤한 재미를 볼 수 있다.

서머싯 몸과 《달과 6펜스》

주인공 스트릭랜드는 잘 나가는 주식 중개인이다. 그러나 마흔이라는 나이에 화가가 되겠다며 처자식을 버리고 파리로 떠난다.

하지만 화가가 되기 위해 찾아간 파리에서 그는 누구에게도 인정받지 못한 채 비참을 삶을 산다. 그러던 어느 날 그의 재능을 발견한 화가 스트로브가 도움의 손길을 내민다. 그러나 그는 스트로브의 아내와 정을 통한 후 그녀를 버림으로써 부부 모두를 파멸시킨 뒤 원시의 섬으로 떠난다. 그곳에서 한 여인을 만나 결혼도 하고, 그림도 그리며 한가한 시간을 보내지만 결국 나병에 걸려 죽음을 맞는다.

　화가 고갱의 삶을 모티브로 한 《달과 6펜스》은 100여 년 전의 작품이지만 지금까지도 많은 사랑을 받고 있다. 그러나 1919년 출간 당시에는 독자들로부터 큰 관심을 받지 못했다.

　각고의 노력 끝에 써낸 책이 별 반응이 없자, 서머싯 몸은 실망이 이만저만이 아니었다. 출판사에 신문광고를 해달라고 요구도 했지만 출판사는 잘 팔리지 않는다는 이유로 그의 요청을 거절했다. 그렇다고 책을 그대로 묻히게 둘 수 없었던 그는 자비로라도 신문광고를 하기로 마음 먹고, 최대한 광고효과를 내기 위해서 심혈을 귀울여 광고문안을 만들었다.

　몇날며칠을 고민한 끝에 그는 다음과 같은 광고문안을 만들어 신문광고를 냈다.

마음도 곱고 훌륭한 여성을 찾습니다.

저는 스포츠와 음악에 관심이 많고

성격도 온화하며 자상한 젊은 백만장자입니다.

제가 원하는 여성은 최근에 발간된 '서머싯 몸'의

소설 주인공과 모든 점에서 닮은 여성입니다.

자신이 소설속 주인공과 유사하다고 생각된다면

바로 연락주십시오!

당신의 운명이 바뀝니다!

　광고는 책에 대한 궁금증을 유발하기에 충분했다. 광고가 나간 후

책은 무서운 속도로 팔려나갔고 마침내는 그는 베스트셀러 작가가
되었다.

최고 권력자의 마음까지 사로잡은 '신비감 전략'

누구나 모르는 것을 보면 당연히 호기심이 생기고, 감춰진 것에
대해 묘한 신비로움을 느끼기 마련이다.

호기심과 신비로움을 적절하게 활용한 인물 중에 한 명이 바로 클
레오파트라이다.

그녀는 남편인 프톨레마이우스13세와 함께 이집트를 공동으로
통치했다. 그러나 하늘 아래 태양은 하나만 존재하는 법. 그녀는 남
편 프톨레마이우스13세를 내치기로 마음먹고 실행에 옮긴다. 마침
로마의 최고 권력자인 율리우스 시저가 그의 권력을 위협하는 잔당
들을 쫓아 이집트까지 오게 되었는데, 클레오파트라는 그 기회를 이
용하기로 했다. 그러자면, 우선 시저의 마음을 사로잡아야 했다.

그녀는 신비감 전략으로 율리우스 시저를 공략했다. 화장술로 얼
굴의 미를 살렸고, 화려한 의상과 다양한 장신구로 온몸을 치장했
다. 도도한 표정과 고혹적인 눈빛도 잊지 않았다. 마치 하늘에서 막
내려온 여신처럼 자태를 뽐냈다.

그녀의 생각은 적중했다. 시저는 단숨에 그녀의 신비로운 자태에
사로잡혔다. 그 결과, 그녀는 프톨레마이우스13세를 몰아내고 이집
트의 최고 권력자가 될 수 있었다. 그 후 로마의 권력자 안토니우스
의 마음을 빼앗는 과정에서도 신비감 전략을 사용했다.

그녀는 남자들이 여자에 대한 강한 호기심과 과대평가하는 경향
이 있음을 익히 알고 있었다. 거기에 자신을 여신으로 착각하게끔 신
비감을 더하면 남자를 손아귀에 쥐는 게 더욱 쉬워질 것이라고 생각
했다. 그녀의 생각은 적중했고, 두 남자는 그녀의 사랑의 포로가 되
었다.

인간관계에서 신비감은 중요하다. 처음부터 너무 많은 것을 공개
하면 인간적으로 보일 순 있겠지만 신비감 내지 환상이 들어설 여지
는 사라지고 만다. 때로는 자신을 숨기고 신비롭고 환상적인 모습으
로 연출할 줄도 알아야 한다.

클레오파트라는 신비감이라는 '후광효과(Halo Effect)'를 적절하
게 활용해 자신의 매력을 극대화했다. 후광효과란 어떤 대상을 평가
할 때 그 대상의 어느 한 측면의 특질이 다른 특질들에까지도 영향
을 미치는 걸 말한다. 쉽게 말하자면, 인물을 평가할 때 그 사람의 외
모에서 좋은 인상을 받았을 경우, 그 사람의 지능이나 성격 등도 좋
을 것이라고 생각하는 것이다.

이처럼 클레오파트라는 신비감 전략을 통해 여자로서의 매력과 함
께 통치자로서의 자질 역시 뛰어나다는 걸 우리에게 보여준 것이다.

사람들에게 매력적으로 다가가는 방법

지적 새로움으로 무장하라

신비감 내지 환상은 사람들을 끌리게 한다. 그러나 처음의 강렬함

을 오랫동안 유지하긴 힘들다. 언젠가는 실체가 드러나고 신비감과 환상은 깨지기 마련이다. 그러면 매력은 점점 사라지게 된다. 그러나 사라진 매력도 되살릴 수 있는 방법이 있다. 바로 '지적 새로움'이다.

사람들은 새로움에 관심이 많다. 더군다나 지적 새로움은 흥미뿐만 아니라 존경심까지도 끌어낼 수 있다.

《천일야화》에 나오는 샤르아르 왕은 자신이 왕궁을 비운 사이 왕비가 부정한 일을 저질렀다는 걸 알고 왕비를 내치고 만다. 그러는 과정에서 그는 여자에 대한 배신감과 환멸을 느껴, 매일 밤 신부를 맞았다가 다음 날이 되면 죽여버리는 걸로 여자에 대한 적개심을 표출한다. 그리고 어느 날, 여느 때와 같이 왕은 샤흐라자드라는 신부를 맞는다. 그녀 역시 날이 새면 죽을 운명이었다.

하지만 그녀는 다른 여자들과 달랐다. 그녀는 현명했다. 이야기 보따리를 풀어 왕의 호기심을 자극한 것이다. 그녀는 이야기를 들려줄 때 이야기의 끝을 맺지 않고 다음날 밤에 마치겠다고 말했다. 그런 식으로 매일 새로운 이야기를 이어갔고, 마침내 죽음을 피할 수 있었다.

상대의 기대감을 채울 수 있는 지적 새로움. 그것이 바로 사람들에게 자신을 매력적으로 보이는 최고의 방법이다.

당당함을 잃지 마라

요즘 사람들은 외모에 특히 관심이 많다. 그래서 다이어트나 운동을 통해 몸을 가꾸는 일에 많은 시간을 투자한다.

하지만 자신의 외모를 매력적으로 보이기 위해선 당당함이란 요소를 반드시 접목시켜야 한다. 스스로 당당함을 잃고, 늘 사람들 앞에서 고개를 숙이고 시선을 회피한다면 아무리 멋진 몸을 가졌다고 해도 매력이 떨어지기 마련이다.

스코틀랜드 에버딘대학 클레어 콘웨이 박사 연구팀은 영국 왕립협회 학술지에 〈당당한 시선〉의 매력에 대한 연구결과를 발표한 바 있다.

연구팀은 400여 명의 남녀 피시험자들에게 남자와 여자 사진을 보여주면서 매력 수준을 평가해달라고 했다. 남자와 여자의 사진은 두 종류였다. 정면을 보는 사진과 곁눈질하는 사진.

둘 중에서 매력적이라고 평가받은 것은 정면을 보는 사진이었다. 짙은 쌍꺼풀, 도톰한 입술, 오뚝한 코가 매력적이긴 하지만 거기에 매력을 더하는 요소는 바로 당당한 시선이었던 것이다. 당당함이 매력을 배가시켜주고 사람을 끌리게 한 것이다.

마음이 명령하고, 가슴이 시키는 일을 하라!

단순한 것은

언제나 사람을 매혹시킨다.

어린아이와 동물의 세계에서

찾을 수 있는 매력도

그 단순함 속에 있다.

-파스칼

필요없는 것은 과감히 버려라.
그리고 단순해져라!

일본에 이어 우리나라에서도 선풍적인 인기를 끌고 있는 책 한 권이 있다.

바로《생각 버리기 연습》이다.

이 책의 저자는 도쿄대 교양학부를 졸업하고 현재 쓰키요미지 주지스님으로 있는 '코이케 류노스케(小池龍之介)'이다.

제목에서 알 수 있듯, 이 책은 지나치게 많은 생각이 오히려 마음을 병들게 하고 행동을 방해한다고 말한다. 그렇기 때문에 뭔가를 하고자 한다면 잡념과 고민을 버리고, 단순한 생각과 즉각적인 행동으로 목표를 향해 달려가야 한다고 말한다.

우리는 살면서 참으로 많은 선택의 순간을 맞이하게 된다.

어떤 길을 선택해야 할지 신중히 생각을 해야 하지만, 오히려 지나친 생각과 고민은 이도저도 아닌 상태로 만들기도 한다. '이거다' 싶으면 빠르게 결정하고 저돌적으로 밀고 나가는 것이 중요하다.

세계 패션계의 거장 '조르지오 아르마니'의 삶을 들여다보면 '버리는 힘', '단순함의 힘'이 얼마나 중요한지 알 수 있다.

1934년 이탈리아 북부 애밀리아에서 태어난 그는 어린 시절을 세계 2차 대전의 광풍 속에서 불우하게 보냈다.

전쟁으로 인해 도시 전체가 폐허가 되고 곳곳에 전쟁 때 사용했던 폭약이나 무기들이 방치되어 있었다. 그는 동네 친구들과 거리에 떨어진 불발탄을 갖고 놀기도 했다.

"야, 그거 내려놔. 위험하단 말이야."

"아르마니, 걱정하지 마. 이건 이미 터진 폭탄이야."

"네가 어떻게 알아? 어서 내려 놔. 그러다 터지면 큰일 나."

급기야 펑소리와 함께 폭탄이 터지고 말았다.

그 사고로 인해 친구는 목숨을 잃었다. 그 역시 샌들의 버클이 녹으면서 발목에 화상을 입었고, 눈 주위에 상처를 입었다.

어린 시절, 그의 집의 실질적인 가장은 엄마였다. 아버지가 있었지만 군인들에게 끌려가 오랫동안 소식이 없었다.

엄마는 먹을 것을 찾아 여기저기 헤맸고, 옷을 살 돈이 없어 낙하산 천이나 군복 등으로 옷을 직접 만들기도 했다.

"아르마니, 이 옷 한 번 입어보렴."

"딱 맞다. 그런데 엄마는 어떻게 이런 걸 잘 만들어?"

"글쎄다. 네 외할아버지를 닮았나보다. 외할아버지가 손기술이 대단했거든."

"그럼 나도 엄마 닮아서 나중에 뭐든지 잘 만들겠네."

가난한 시절이었지만 낭만도 있었다. 영화가 있었기 때문이다.

아르마니는 영화 마니아였다. 그래서 시내에 나갈 때면 친구들과 극장에 들리곤 했다.

"찰리 채플린은 정말 천재야, 천재. 어쩌면 그렇게 연기를 잘 할까? 그렇지 않니?"

"재밌긴 하지만 그 정도는 아닌 것 같은데."

"그건 네가 연기를 몰라서 그래. 채플린의 웃음 속에는 슬픔이 녹아 있단 말이야."

"야, 아르마니! 네가 연기를 알면 얼마나 안다고 잘난 척이야?

"당연히 내가 많이 알지. 나중에 난 유명한 영화배우가 될 거야."

돈이 없는 날에도 아르마니는 시내에 있는 극장에 나가 주위를 서성거렸다. 극장 벽면에 걸린 대형 홍보 간판을 보는 것만으로도, 영화를 구경하고 나오는 사람들의 표정을 보는 것만으로도 즐겁고 신이났기 때문이다.

시간이 흐를수록 그의 가슴 속엔 영화배우의 꿈이 점점 굳어갔다. 하지만 그 꿈만을 위해 달릴 수는 없었다. 아버지와 어머니가 의사가 되길 원했기 때문이다.

'영화배우가 될 것인가, 의사가 될 것인가.'

두개의 꿈이 그를 괴롭혔다.

'3류 배우가 되면 돈을 벌 수 없을 거야. 그러나 톱배우가 되면 돈과 명예도 다 얻을 수 있어.'

'아니야. 그건 너무나 험난한 길이야. 의사가 좋겠어. 의사는 부모님이 바라는 일이기도 하고, 나 역시《성채》라는 소설에 큰 감동을 받았잖아. 가난하고 불쌍한 사람들을 돕는 아름다운 의사가 되자.'

'아니야. 의사로 산다면 삶이 재미없을 거야.'

아침부터 잠이 들 때까지 그는 두 가지의 꿈 때문에 마음이 혼란스러웠다.

'이렇게 우물쭈물하다가 결국 아무것도 못하고 말 거야. 두 가지를 고민한다는 건 영화배우보다 뒤늦게 생긴 꿈인 의사가 되고자하는 열망이 더 강하다는 거야. 그래, 의사다!'

마침내 그는 영화배우의 꿈을 버리고 의사의 길을 택했다. 하나를 버리니 참으로 홀가분했다.

그는 의사라는 목표를 향해 열심히 달렸다. 그리고 그 노력은 결심을 맺었다. 밀라노 국립대학 의학부에 입학한 것이다. 그러나 곧 싫증이 나기 시작했다. 공부를 하면할수록 흥미가 떨어졌다.

'내가 왜 이러지.'

어느 날 그는 거울 속의 자신에게 물었다.

'즐겁지 않은 일을 평생 할 수 있겠어?'

그는 고개를 내저었다. 영화배우의 꿈을 버리고 선택한 의사의 길이었지만 그것 역시 확신이 서지 않았다.

그가 직업 때문에 고민을 한다는 걸 안 엄마는 그에게 이렇게 말했다.

"아르마니, 네 얼굴이 무척 슬퍼 보이는구나. 지금 너는 너와 어울리지 않는 일을 하고 있는 것 같다."

결국, 그는 어렵게 들어간 대학을 그만 두었다.

의사라는 안정된 길을 버리는 것이 아까웠지만 단순하게 생각하기로 했다.

'그래. 의사는 나랑 맞지 않아. 내가 즐겁지 않잖아.'

한 번 결정한 이상, 그는 다시는 의사에 대한 미련도, 잡념도 갖지 않기로 했다. 그렇다고 새로운 꿈이 생긴 것은 아니었다. 하지만 그 꿈이 찾아올 때까지 마냥 기다릴 수만은 없었다.

그는 백화점에서 아르바이트를 시작했다. 그가 맡은 일은 윈도 디스플레이였다.

'여기가 좋을까? 아니야. 여기가 더 잘 보이고 옷을 돋보이게 해. 그래. 이 옷은 여기에 걸어두자.'

그는 전시장에 옷을 전시할 때 위치와 조명 그리고 소품까지도 꼼꼼히 챙겼다. 전시를 어떻게 하느냐에 따라 매출이 달라진다는 걸 잘 알고 있었기 때문이다.

의류매장의 총감독은 아르마니가 일하는 걸 보며 마냥 흐뭇해했다.

"자네 감각이 있군. 디스플레이를 아주 잘했어. 내가 고객이라도

그 옷을 사고 싶은 생각이 들겠어. 자네, 패션 공부를 아주 열심히 했
군.”

“아닙니다. 저는 그저 단순하게 생각했습니다. 전시장에 걸린 옷
은 누구라도 갖고 싶어 할 만큼 잘 연출해야 하기에 이것저것 신경
을 좀 썼습니다. 그리고 그 옷을 입는 순간, 그 옷이 그것을 입은 사
람보다 더 멋져선 안 됩니다. 사람을 빛나게 하는 옷이 더 멋진 옷이
죠.”

“옷의 가치에 대해 정확히 아는군. 감각이 아주 뛰어나.”

그는 패션 감각과 성실함을 인정받아 신사복 코너의 담당자가 되
었다. 그리고 보조 디자이너 생활을 하며 본격적으로 패션 공부를
시작했다.

디자인 공부는 완전히 독학이었다. 학원이나 학교에서 제대로 된
교육을 받은 것도 아니고 또한 선배 디자이너로부터 배운 것도 아니
었다. 백지상태에서 독학으로 배우다보니 많은 시간과 노력이 필요
했다. 하지만 그것에 대해 답답하게 생각하진 않았다.

‘이제야 내가 원하는 일을 찾았어. 관심과 재능은 분명 달라. 영화
배우와 의사는 나의 관심사였지만 재능을 발휘할 만큼의 일은 아니
었어. 두 개의 관심을 버리고 하나의 재능을 선택했으니, 지금부터
는 이 일에만 집중하자.’

그는 점점 두각을 보이면서 차세대 디자이너로 성장해 갔다.

1972년 첫 컬렉션을 가졌으며, 2년 후에는 ‘아르마니’라는 자신의
이름을 단 의상실을 열고 신사복은 물론 여성복까지 손을 댔다. 그

는 옷에 대한 자신의 철학이 확실했다. 그건 바로 '단순함'이었다.

과도한 과장과 기교보다는 입을 때 편안하면서도 우아함을 잃지 않게 만들었다. 또한 옷과 몸이 따로 놀지 않고 자연스럽게 하나가 될 수 있도록 재킷 속의 패드와 안감을 떼어냈다.

그러자 그의 옷을 두고 의상 평론가들 사이에서 말들이 많았다.

"이거 너무나 단순한 거 아냐? 옷이라면 좀 화려한 면이 있어야 하는데 너무 평범해."

그러나 대중들은 실용적이고 고급스러운 그의 옷에 매료되었다. 특히 그의 옷은 전시장에 전시될 때보다 그것을 입을 때 진가가 나타났다. 의상 평론가들 역시 서서히 그의 편이 되어갔다.

"화려함을 절제한 현대적인 감각의 재킷이야."

그는 늘 사람들이 패션의 희생물이 되지 않고 옷을 통해 세련되고 우아해 보이도록 했다.

곧 그에게 기회가 찾아왔다.

영화 〈아메리칸 지골로〉 주연배우인 리차드 기어의 의상을 맡아달라는 요청이 온 것이다. 그는 흔쾌히 허락했고 본격적으로 작업에 들어갔다.

"선생님, 이번 작업은 어떤 콘셉트로 할 건가요?"

"어렵게 생각할 필요 없습니다. 디자인이란 복잡한 것을 단순하게 만드는 과정입니다. 불필요한 부분, 불필요한 색상을 제거하는 게 디자인이죠. 인생도 뭐 복잡할 게 있나요? 단순하게 생각하고, 그 단순함에 집중하면 마음도 편안하고 더 큰 성과를 얻을 수 있죠."

그는 리차드 기어의 의상에도 자신의 철학을 담았다. 불필요한 장식을 없애고 일체의 과장이나 기교를 빼 심플하고 모던하며 세련된 멋을 연출했다. 색상 역시 눈에 띄는 화려한 색이 아니라 분명치 않는 회색 위주의 뉴트럴 컬러(Neutral Color)를 선보였다. 이 모든 것이 배우를 돋보이게 하기 위한 전략이었다. 이를 계기로 그의 명성은 더욱 높아졌고, 마침내 해외에도 널리 알려지게 되었다.

마침내 그는 1980년대를 대표하는 디자이너가 되었고, 계속해서 진과 언더웨어, 아동복, 시계, 안경, 향수 등으로 사업을 확대해 나갔다. 그 결과, 현재 전세계 33개국에 2백 50개의 매장을 갖고 있으며, 연간 1조원의 매출을 올리는 '아르마니 패션 왕국'을 만들 수 있었다.

복잡한 세상을 이기는 '단순함'의 힘

성공으로 가는 길은 언제나 단순하다

일본에서는 단 몇 줄로 된 단문의 시를 '하이쿠'라고 한다.

언젠가 류시화 시인이 하이쿠를 모아 국내에 출간한 적이 있다.

여기에 두 편의 하이쿠를 소개하고자 한다.

꽃잎 하나가 떨어지네.

어, 다시 올라가네.

나비였네.

– 모리다케

이 숯도

한때는 흰 눈이 얹힌

나뭇가지였겠지.

   - 타다토모

시라고 하기엔 짧은 감이 없지 않지만 시가 내포하고 있는 의미와 감흥은 참으로 무겁다. 읽으면 읽을수록 짧고 단순한 언어의 맛과 향이 더더욱 묻어 나오기 때문이다.

만약 이 시를 풍성하게 보이게 하기 위해 억지로 글자 수를 늘리고 행을 늘렸다면 지금의 감동이 전해졌을까? 아마도 쓸데없는 군더더기로 인해 시의 힘이 약해지고 읽는 맛도 훨씬 더 떨어졌을 것이다.

화려하고, 거창하고, 포장만 멋지다고 해서 최고가 되는 것은 아니다. 때로는 단순하고 명료한 것이 더 큰 힘을 발휘하기도 한다.

사람들은 많은 것을 기억하려고 하지 않는다

공중파 TV 광고는 대략 15초 정도로 제한되어 있다. 제품에 관해 속속들이 소비자들에게 다 설명하기에는 턱없이 부족한 시간이다.

광고주 입장에서는 제품의 좋은 점을 하나라도 더 많이 알리고 싶은 욕심이 있다. 하지만 아무리 좋은 장점도 핵심없이 줄줄이 나열하면 임팩트가 떨어지기 마련이다.

사람들은 많은 것을 기억하려고 하자 않는다. 단 하나의 메시지, 단 하나의 이미지만을 기억한다.

광고계의 최고 브랜드로 알려진 광고인 이용찬의 일화가 이를 대

변한다.

수년 전, 그가 모 회사의 광고를 시연하고 있을 때다. 회사의 임원 중 한 명이 고개를 내저으며 이렇게 말했다.

"우리 제품의 장점은 10가지도 넘습니다. 그런데 왜 하나만 내세우는 겁니까? 장점을 추가했으면 좋겠습니다."

그러자 그는 테이블 위에 있던 귤 5개를 들더니 임원에게 말했다.

"이걸 받아보십시오."

그는 임원에게 한꺼번에 귤 5개를 던졌다. 그러나 임원은 단 하나도 받지 못했다.

그러자 그가 다시 말했다.

"보십시오. 한꺼번에 5개가 날아오니까 결국 하나도 받지 못하잖습니까. 광고도 마찬가지입니다. 메시지가 너무나 많으면 결국 소비자의 뇌리 속에 하나도 남지 않습니다. 오직 하나의 메시지에 집중해야만 제품이 살아남습니다."

결국 그의 말에 따라 단일 메시지만을 광고에 담았다. 결과는 대성공이었다.

필요없는 것은 과감하게 버려라

칭기즈칸!

중국과 중앙아시아, 동유럽 일대를 정복하여 인류 역사상 가장 넓은 영토를 차지한 몽골 제국의 건국자이다.

그는 전쟁에서 승리하기 위해서는 '기동성'이 가장 중요하다고 생각했다.

　그래서 그는 절대 성을 쌓지 않았다. 성을 쌓지 않았다는 것은 한 곳에 머물거나 안주하지 않겠다는 뜻이었다. 그는 돌격만이 살 길이라 생각하며 늘 말의 채찍을 손에서 내려놓지 않았다.

　기동성을 최대화하기 위해서 그가 선택한 것은 가벼운 몸이었다. 갑옷과 군사 장비는 될 수 있는 대로 가볍게 했다. 그것들이 무거우면 적과 맞닥뜨리기도 전에 지쳐 쓰러지기 때문이다. 그래서 몽골 기동대의 군장은 유럽 기사들의 갑옷에 비해 10분의 1도 되지 않았다. 식량도 육포로 대신해 최소화했다. 그랬기에 어디든 달려가 적을 물리칠 수 있었고 넓은 영토를 차지할 수 있었다.

　뭔가를 선택하거나 시도할 때도 다각도로 접근하는 것이 중요하다. 하지만 지나치게 신중하거나 분석에만 매달리는 것 역시 결코 바람직하지 않다. 결국은 이것저것 따지다가 엉뚱한 결정을 내리거나 지레 겁을 먹고 시도조차 못하는 경우가 있기 때문이다. 이거다 싶으면 따지거나 재지 말고 단순하게 그냥 밀어붙일 필요가 있다.

　어쩌면 채우는 것보다 빼내는 일이 더 어려울 수도 있다.

　영화나 TV를 제작하는 감독 입장에서 가장 어려운 건 편집이다. 맘에 드는 장면이 아무리 많다고 해도 상연시간이 제한적이기 때문에 많은 장면을 덜어내야 한다. 처음에는 아깝겠지만 편집을 잘하면 더욱 스토리가 탄탄해지고 짜임새가 있어진다.

　조각가들 역시 마찬가지이다. 코끼리 상을 만들고자 할 때, 잘 만드는 방법은 다른 게 없다. 필요 없는 부분을 깎아내기만 하면 된다.

과일 농사를 지을 때 알찬 열매를 얻기 위해서 불필요한 가지를 쳐내는 것과 같은 이치이다.

복잡하지 않게 성공의 길로 가는 두 가지 방법

불필요한 부분은 과감히 없애라

아일랜드의 라이언항공(Ryanair)은 기업의 핵심목표가 아주 단순하다. 바로 '할인'이다.

라이언항공은 기내식을 없애고, 음료도 돈을 내고 마셔야 하며, 고객들이 본 신문도 기내에 놓지 못하게 하고 내릴 때 가져가야 한다. 쓰레기 처리비용을 줄이기 위해서다.

항공권을 예약할 때도 인터넷이나 전화 쪽으로 유도한다. 비행기 기종은 보잉737만 쓴다. 비용을 줄일 수 있기 때문이다. 이 할인 정책은 승객들에게 큰 호응을 얻었다. 회사 경영에 있어 꼭 필요한 것만 취하고 나머지는 과감히 포기하는 축소 전략이 통한 것이다.

4조 원이 넘는 기업 가치를 가지고 있는 무료 소셜 네트워킹인 '트위터'의 성공 비결 역시 단순함에 있다.

대화 상대가 접속한 상태일 때만 글을 주고받을 수 있는 기존의 메신저와 달리 트위터는 언제 어느 때라도 자신의 소식을 상대방에게 전달할 수 있다. 장문에 대한 부담감도 없다. 140자만이 허락된다. 콘텐츠의 단순함은 사람들의 접근성을 높였고, 신속한 전파력은 사람들을 열광케 했다.

상대와의 대화에서도 '단순함'은 중요한 성공 요인으로 꼽힌다..

'엘리베이터 피치(elevater pitch)'라는 말이 있다. 누군가를 설득하거나 자신의 의견을 전달하고자 할 때 장황하게 얘기하면 상대방이 제대로 그 내용을 습득할 수 없다.

상대방과 1층에서 엘리베이터를 함께 탔다고 가정해보자.

아무리 높은 건물이라고 해도 대략 1분 이내에 도착한다. 그 짧은 시간동안 상대방을 설득하기 위해선 핵심사항만을 말해야 한다. 즉, 잡다한 것을 제거해야만 더욱 명료해지고 칼날이 서는 것이다.

한 가지 일에만 집중하라

팔방미인처럼 다방면에서 두각을 나타낸다면 좋겠지만 대부분의 사람들은 여러 가지 일을 다 잘할 수 없다. 때문에 자신이 가장 자신 있게 할 수 있는 한 가지 일에 생각과 에너지를 집중할 필요가 있다. 그러면 추진력이 생길 뿐만 아니라 지속적으로 이어나갈 수도 있다.

정수기 및 정수 필터로 유명한 브리타(Brita)의 창업주 하인츠 한캄머는 언젠가 언론과의 인터뷰에서 자신의 성공비결에 대해 이렇게 말했다.

"우리는 한 가지만 합니다. 다른 것을 못해서가 아니라 하나에 집중하기 위해서 욕심을 버린 것입니다. 우리의 경쟁회사인 라이프하이트의 취급품목은 1,000개에 달합니다. 그 중 하나가 정수 필터입니다. 다양한 품목을 취급하는 회사는 우리에게 위협이 되지 않습니다. 우리는 정수기와 필터에 목숨을 걸었으니까요.”

만일 뭔가를 결정하고, 시작하려고 한다면 위 두 가지 사실을 명심해야 한다. 그리고 그것이 정말로 꼭 해야 하는 핵심사항인지, 그렇다면 자신이 그것을 끝까지 해낼 수 있는 집중력을 갖고 있는지 생각해봐야 한다. 그리고 확신이 섰다면 과감하게 밀어붙여야 한다.

Chapter 03

自勝者强(자승자강), 나를 넘어서라

自勝者强

그는 부하들의 이름을 외우고 전장에 출정하기 전에는 일일이 그들의 이름을 불러주었다.

"프톨로메오! 난 너의 용맹함을 알고 있다."

"텍서포스! 네가 있어 아주 든든하구나."

"매난드로! 이 전쟁을 나의 승리가 아니라 너의 승리로 만들어라."

자신의 이름이 호명될 때마다 병사들의 눈빛은 달라졌고, 스스로 전쟁의 리더가 되었다. 그 결과, 수적 열세에도 불구하고, 알렉산더의 4만 군대는 20여 만 명의 페르시아 군사와의 승리에서 승리할 수 있었다.

좀 웃으시오.

그리고 부하들에게도 웃음을 가르치시오.

웃을 줄 모른다면 최소한 빙글거리기라도 하시오.

만일 빙글거리지도 못한다면

그럴 수 있을 때까지 구석으로 물러나 있으시오.

- 처칠

세상을 얻고 싶다면
지금 당장 웃어라

사우스웨스트 항공사의 면접시험이 있는 날이었다.

한 청년이 마법사 복장을 하고 면접장에 나타났다. 그러자 다른 면접생들이 이상한 눈으로 그를 쳐다보며 쑥덕거렸다.

"저게 지금 뭐야? 할로윈 축제인 줄 아나봐."

"그러게 말이야. 면접 복장이 저게 뭐야? 장난하는 것도 아니고. 지금 개그콘테스트 온 거야. 하하하."

잠시 후 마법사 복장을 한 청년은 그의 차례가 되어 면접장 안으로 들어갔다. 그 청년을 보자마자 면접관들은 키득키득 웃었다. 특히, 가운데 앉아 있는 허브 캘러허 회장은 박장대소했다.

"자네 왜 그런 복장을 하고 여기에 왔나?"

"사우스웨스트 항공사가 유머경영을 한다고 알고 있습니다. 저는 이 회사에 입사해서 직원들도 웃기고, 고객들도 웃기며, 즐겁게 회사 생활을 하고 싶습니다."

그러더니 갑자기 청년은 우스꽝스러운 표정과 함께 춤을 추기 시작했다. 그런데 그것이 엉성하기 짝이 없어서 오히려 더 웃음을 유발했다.

허브 캘러허는 청년에 관한 자료를 이리저리 훑어보더니 입을 열었다.

"실력도 그 정도면 됐고, 특히 남을 웃기려는 노력이 맘에 드네. 자, 합격이네."

"감사합니다. 열심히 일하고 열심히 웃기겠습니다. 물론 회장님을 따라갈 순 없겠지만 말입니다."

실제로 허브 캘러허 회장은 신입사원을 뽑을 때 유머감각을 심사 기준으로 삼았다. 유머감각이 업무능력과 매출을 신장시키는데 큰 도움이 된다고 믿었기 때문이다.

그는 직원들과 스스럼없이 지내는 것으로도 유명하다.

"마이클, 오늘 자네 생일 아닌가?"

"맞습니다, 회장님. 오늘 저녁에 팀원들과 간단히 파티를 하려고 하는데 괜찮으시면 오시지요."

"허, 어떡하지? 내가 선약이 있어서 말이야."

밤이 되자, 직원들은 마이클의 생일 파티에 모두 모였다. 마이클에게 선물도 건네고 케이크도 자르며 다들 한 가족처럼 즐거운 한때를 보내고 있었다.

그런데 그때 갑자기 문이 열리고 엘비스 프레슬리 복장을 한 남자가 파티장에 나타났다. 직원들은 그 남자를 보며 고개를 갸우뚱거렸다.

"저 사람 도대체 뭐야?"

"자기가 엘비스 프레슬리인 줄 아나?"

잠시 뒤, 직원들은 입을 다물지 못했다. 자세히 보니 그 남자는 바로 캘러허 회장이었던 것이다.

마이클은 어안이 벙벙한 표정을 지으며 말했다.

"앗, 회장님. 여기는 어쩐 일이세요. 저녁에 선약이 있다고 하셨잖아요. 그리고 그 복장은……."

"선약은 무슨. 자네 생일 축하해주려고 의상에 신경 좀 썼지. 마이클 생일 축하하네."

마이클과 직원들은 환호성을 지르며 그를 맞았다.

"역시 회장님은 독특하십니다. 회장님을 누가 말리겠습니까?"

그는 웬만하면 직원들의 생일이나 승진 등 기념일을 챙기려 애썼고, 직원들에게 기쁨을 주기 위해 기꺼이 망가지기도 했다.

그런 그의 마음은 가장 고단한 일을 하는 직원들에게까지 미쳤다.

어느 날, 새벽 4시에 그는 도넛 상자를 들고 집을 나섰다.

새벽이라 그런지 회사는 조용했다. 그는 계단을 향해 걸어갔다. 나이 지긋한 청소부 직원이 걸레로 바닥을 닦고 있었다.

"스미스 씨, 잠깐 쉬었다 하세요."

직원은 깜짝 놀라 소리가 나는 쪽을 바라보았다.

"어, 회장님 아니세요. 이렇게 이른 시간에 어쩐 일이십니까?"

"남들 잘 시간에 이렇게 고생하시는데 제가 가만히 있을 수 있나요. 자, 이 도넛으로 허기 좀 달래세요."

"저 같은 사람까지 챙겨주시고……. 정말로 감사합니다."

"감사라니요. 회사를 위해서 이렇게 열심히 일하시는데, 오히려 제가 더 감사하죠."

또 이런 일도 있었다.

캘러허는 새 보잉기를 구입하는데 큰 공을 세운 직원들에게 포상을 해주고 싶었다.

"이 프로젝트를 위해 밤낮으로 고생하신 여러분들에게 어떤 감사를 드려야 할지 모르겠네요. 원하는 게 있으면 말씀해보세요."

그러자 한 직원이 장난삼아 이렇게 말했다.

"새 보잉기에 저희들의 이름을 새겨주세요."

"뭐, 비행기에 이름을?"

잠시 고민하던 그는 이내 유쾌하게 웃으며 말했다.

"좋아요. 그게 소원이라면 해줘야죠. 까짓것, 직원들이 원하는데 해줘야죠."

직원들은 설마했는데 며칠 후 장남삼아 던진 그 말이 현실이 되었다. 진짜로 비행기에 직원들의 이름을 다양한 색상의 페인트로 칠을 한 것이다.

"하여간, 회장님은 정말 대단하셔."

"이러니 우리가 회장님을 좋아하지 않을 수 있겠어. 역시 회장님이야."

이런 캘러허의 독특한 경영방식은 직원들을 만족시켰다. 실제로 타 항공사보다 임금이 높은 편이 아니었는데도 이직률은 더 낮았다. 회장이 직원을 사랑하는 만큼 직원들도 회사에 대한 애사심이 그만큼 강했던 것이다.

어느 날, 직원들은 캘러허 회장 모르게 깜짝 이벤트를 마련했다. 〈USA 투데이〉에 다음과 같은 전면광고를 실은 것이다.

우리는 허브 씨에게 우리의 이름을 모두 기억해주시고,

맥도날드 하우스를 지원해주시고, 추수감사절에 선물을 주시고,

모든 사람에게 키스를 해주시고, 들어주시고,

이윤이 남는 항공회사로 키워주시고,

휴일 파티에 노래를 불러주시고,

보스가 아니라 친구가 되어주신 것에 대해

경영자의 날을 맞아 진심으로 감사드립니다.

직원들은 스스로 한 푼 두 푼 돈을 모아 직접 신문 광고를 냈다. 캘러허의 유머경영이 직원들에게도 전염된 것이다.

캘러허의 유머경영은 직원들에게만 적용된 게 아니었다. 고객에게도 적용되었다.

항공사 콜센터에 고객이 전화를 걸면 다음과 같은 메시지가 흘러 나온다.

「안녕하십니까, 고객님. 사우스웨스트 항공사입니다. 30초 안에 담당자와 연결이 되지 않을 경우 8번을 눌러주십시오. 담당자와 연결이 빨리되는 건 아니지만 기분 좋은 일이 생길 것입니다.」

고객이 담당자를 기다리는 동안 지루해할까 봐 8번을 누르면 유머 한토막이 흘러 나오도록 배려한 것이다. 비록 작은 부분이지만 그는 고객에게 즐거움을 주고자 노력했다.

사우스웨스트 항공기를 탄 고객들에게도 보다 편안하게 다가간다. 승무원들이 승객들에게 기내 안전 수칙을 전달할 때는 틀에 박힌 딱딱한 말투로 말하는 게 아니라 랩송으로 기내 안전 수칙을 전달한다. 또 비행 중에 담배를 피우고자 하는 승객이 있으면 그것을 허락한다. 물론 유쾌한 유머로.

「담배를 피우실 승객님들은 담배와 라이터를 준비하신 후 밖으로 나가 날개 위에 앉아서 마음껏 흡연하시기 바랍니다. 그러시면서 준비한 영화도 감상하십시오. 오늘의 영화는 〈바람과 함께 사라지다〉입니다.」

그의 이런 유머 경영은 감동 경영으로 이어졌다.

2001년 9.11 테러가 나자, 모든 항공기의 비행이 임시 중단되었다. 모든 항공기가 인근 공항에 착륙할 수밖에 없었다. 목적지에 내리지 못한 승객들의 불편과 불만은 이만저만이 아니었다. 워낙 갑작스러운 일이라 승객들 중에는 호텔에 머물 숙박비가 없는 사람들도 있었다.

사우스웨스트 항공은 그런 승객들의 불편을 해결하기 위해 직원 모두가 발벗고 나섰다. 승객들이 머물 호텔을 일일이 알아봤고, 호텔비 역시 항공사 측에서 모두 부담했다.

"정말로 고맙습니다. 이렇게 호텔까지 잡아주시다니."

"아닙니다. 다음에도 저희 항공사를 이용해주십시오."

심지어 일부 승객들에게는 집까지 가는 기차 티켓을 끊어주기도 했다.

직원들을 즐겁게 하고 고객까지도 즐겁게 하는 회사가 이 세상에 몇 개나 되겠는가. 사우스웨스트 항공이야 말로 그런 회사이다. 나아가 33년 연속해서 흑자를 기록하고, 노사분쟁이 없으며, 고객 불만이 가장 적은 항공사로도 유명하다. 이 모든 것은 캘러허 회장과 유머가 있기에 가능했다.

웃지 않는 날은
하루라는 '행복'을 버린 것과도 같다

사람을 사로잡는 '유머의 힘'

어느 강사가 강연을 하게 되었다. 처음이라 그런지 많이 긴장되고 떨렸다. 그래서 준비한 만큼 제 실력을 발휘하지 못했다. 당연히 청중들은 지루해했고 시간이 지날수록 분위기는 썰렁해졌다. 그곳에서는 강연이 끝난 후 청중들로 하여금 강연을 평가하도록 되어 있었다.

강연 내용이나 강사의 태도가 맘에 들면 벨이 세 번 울리고, 보통이면 두 번, 부족하다 싶으면 한 번 벨이 울렸다. 그런데 그 강사는 벨소리가 한 번도 울리지 않았다.

그러나 강사는 아무렇지 않은 듯 미소를 지으며 청중들에게 이렇게 말했다.

"감사합니다. 사실은 제가 오늘 강연이 처음입니다. 많이 어설프고 부족했을 텐데도, 제게 노벨상(No-bell Prize)을 주시니 영광입니다. 한 번 수상했으니 다음에는 다른 사람에게 양보하도록 겠습니다."

청중들은 박장대소했다. 위기상황에서 당황하지 않고 자신의 상처를 유머로 승화시킨 것이 얼어있던 청중들의 마음을 움직인 것이다.

이처럼 유머는 딱딱하고 어색한 분위기나 불리한 상황을 단숨에 전환시킬 수 있는 힘을 가지고 있다. 생기를 돋게 하고 자신에게 유리하게 상대의 마음을 끌어당길 수도 있다. 또한 고통과 분노 등 부정적인 감정을 다스리고 상처를 치유하며 여유와 자제력을 키워준다. 때문에 다른 사람과의 충돌도 줄일 수 있다.

미국 대통령 존슨이 재선을 위해 대통령 선거에 출마했을 당시, 그는 정책에 있어서 공화당 후보와는 판이한 노선과 의견을 내놓았다. 이 때문에 언론사로부터 타협을 모르는 피곤한 스타일이라고 공격받았다. 그러자 존슨은 유세 중 이렇게 말했다.

"저는 저의 생각이 있고 노선이 있습니다. 공화당 후보도 나름대로의 생각과 노선이 있습니다. 공화당 후보와 내가 사사건건 의견을 달리하고 부딪치는 건 지극히 자연스러운 일입니다. 만약 그렇지 않았다면 그와 나는 같은 여자와 결혼을 했을 것입니다."

존슨의 재치 있는 답변에 사람들은 재미있어 했고, 이는 바로 지지율 상승으로 이어졌다. 그리고 마침내 재선에 성공할 수 있었다.

위기와 편견을 이기는 힘, 유머

링컨 대통령도 투박한 외모와는 달리 재치가 넘치는 사람이었다.

그가 대통령이 되자, 귀족들은 못마땅하게 여겼다. 집안이며 학력이 변변치 않았기 때문이다. 더군다나 그의 아버지는 구두 수선공이었다.

귀족들은 그에게 모욕적인 말을 서슴치 않았다.

"어쩌다가 당신이 이 나라의 대통령이 되긴 했지만 이 점은 알아두시오. 당신 아버지는 우리 가족들의 구두를 만들기 위해 우리 집을 드나들곤 했소."

그러나 링컨은 아무렇지도 않은 듯 오히려 미소를 보이며 말했다.

"저희 아버지의 구두를 애용해주셔서 감사합니다. 아마도 이 세상에서 저희 아버지처럼 솜씨 좋은 분은 안 계실 겁니다. 전 아버지를 능가할 순 없지만 혹시나 구두가 발에 맞지 않거든 제가 고쳐드리겠습니다. 제가 아버지께 기술을 조금 배웠거든요."

만약 링컨이 분노를 삭이지 못하고 그 자리에서 화를 냈다면 아마도 귀족들의 조롱거리가 되었을 것이다. 그러나 링컨은 싸움이나 분쟁이 아닌 재치 있는 유머로 자신이 한 수 위임을 가르쳐주었다.

이런 일도 있었다.

어느 날, 링컨이 자신의 구두를 열심히 닦고 있었다.

이를 목격한 비서관이 깜짝 놀라며 말했다.

"직접 구두를 닦으시면 어떻게 합니까?"

그러자 링컨이 미소를 머금은 표정으로 되물었다.

"내가 내 구두를 닦는데 뭐 문제 있소? 그럼 한 나라의 대통령인 내가 남의 구두도 닦아야 한단 말이오?"

현대는 소통의 시대라 해도 과언이 아니다.

소통이 원활해야만 인간관계도 긍정적인 영향을 주고, 조직 내부의 단결력도 생기며, 세대 간의 갈등도 줄일 수 있다. 원활한 소통을 위해 가장 효과적인 전략은 역시 유머다.

유머는 대인관계를 부드럽게 하며 조직에 활력을 불어넣는 윤활유 역할을 한다. 유머가 없는 사람은 인간관계와 비즈니스에서 성공하기 힘들다. 유머 없는 사람 곁에는 사람들이 모이지 않기 때문이다.

웃기는 사람이 성공한다

삼성경제연구소 경영자 대상 지식·정보 서비스인 'Seri CEO'가 회원 631명을 대상으로 설문조사를 실시했다. 그 결과, '유머가 풍부한 사람을 우선적으로 채용하고 싶다'는 질문에 무려 50.9%가 '그렇다', 26.5%가 '매우 그렇다'고 답했다. 유머가 채용 여부에 긍정적 영향을 미친다는 답변이 무려 77.4%에 달한 것이다. 또한 절반 이상이 '유머를 잘 구사하는 사람이 그렇지 않은 직원보다 일을 더 잘할 것'이라는 기대감을 갖고 있었다.

직원들 역시 유머 있는 CEO를 원한다.

세계 1위 헤드헌팅 그룹인 미국 '로버트해프인터내셔널'이 회사원 500명을 대상으로 실시한 설문조사에서 무려 응답자의 97%가 상사가 부하 직원에게 웃음을 줄 수 있는 사람이길 원했다.

이 조사를 진행했던 '로버트해프인터내셔널'의 맥스 멕스머 대표는 직원들은 재치나 어려운 상황에 대해 유쾌한 농담을 할 수 있는 경영자를 보다 가깝게 느끼고 믿고 따르고 싶어 한다는 결론을 내렸다. CEO 리더십의 필수덕목 중 하나로 유머가 추가된 것이다.

CEO가 직원들에게 권위적이고 딱딱한 사람이라고 인식되는 순간, 그 회사의 분위기는 딱딱해지고 소통이 원활하지 않아 자칫 생산성 약화로 이어질 수 있다.

그래서일까. 최근 우리나라에서도 유머경영을 하는 회사가 점점 늘어나고 있다.

제과생산 및 엔터테인먼트 회사인 오리온은 '펀 스테이션', '화장실 아이디어 판', '체험, 트렌드 따라잡기' 등 '펀 경영'을 위한 다양한 제도를 운영 중이다.

특히 회사 옥상에 '펀 스테이션'이라는 카페를 만들어 커피와 아케이드 게임을 즐길 수 있는 것은 물론 만화책과 잡지 등을 갖추고 있어 휴식 공간뿐만 아니라 아이디어의 생산지로도 활용할 수 있다. 또한 매주 수요일은 '맵시데이'라고 하여 한복에서 캐주얼까지 직원들의 개성을 맘껏 표현할 수 있게 했다. 연말에는 베스트 드레서를 선정해 푸짐한 상품도 준다.

모토로라코리아 역시 연초에 영업팀 직원들을 대상으로 '기왓장 격파대회'라는 행사를 갖는다. 이는 기왓장에 개인 목표와 휴대폰 판매수치를 쓰고, 이를 격파하는 행사다. 직원들의 호응도는 상상 이상이다.

웃기는 기업, 세스코

유머를 단지 조직 내부의 결속력을 향상시키는데 그치지 않고 소비자들과의 소통의 장으로 활용해 재미를 본 회사도 있다. 해충방제 전문기업인 세스코가 바로 그곳이다.

세스코는 탁월한 유머감각으로 소비자들을 사로잡아 기업 이미지를 높였다.

세스코는 1996년 창립 20주년 기념행사로 그동안 죽어간 쥐, 바퀴벌레, 개미의 원혼을 달래기 위해 '쥐 위령제'를 지냈다.

특히 '쥐 위령제'는 당시 많은 사람들의 흥미를 유발시켰다. 이러한 유머 전략은 소비자들에게 보다 친근하게 다가서는 계기가 되기도 했다. 그리고 몇 년 후 소비자들의 관심과 호응을 끌어낸 사건이 있었다. 이른바 '홈페이지 댓글 사건'이 바로 그것이다.

세스코는 홈페이지 게시판에 고객들이 질문을 남기면 유머를 가미한 전문적인 답변을 남겨 고객들에게 웃음을 선사했다. 그 사건으로 인해 네티즌과 소비자들은 즐거워했고 열광했다.

세스코의 기상천외한 답변을 살펴보면 다음과 같다.

질문 : 국회에 우글대는 해충은 어떻게 퇴치해야 합니까?

답변 : 저희로서도 처음 보는 해충인 만큼 샘플을 채취해 보내주시면 현미경 등 각종 장비로 분석해 박멸법을 개발해보겠습니다.

질문 : 개미가 많이 꼬이는 집은 부자가 된다는 옛말이 있는데, 사

실인가요?

답변 : 부잣집은 난방이 잘 되어 있고 먹을 것이 많아 개미, 돈벌레 등이 서식하기에 좋은 조건을 제공합니다. 때때로 사과박스, 고기 꾸러미 같은 물건도 들어오고…….

질문 : PC게임 스타크래프트에서 저그(괴기한 생물체) 애벌레를 어떻게 죽이죠? 세스코로도 가능한가요?

답변 : 메딕(박멸 의무병)에 세스코맨이 포함되도록 게임 제작회사에 요청하겠습니다. 다들 스타크래프트 게임에 세스코맨이 들어갈 수 있도록 힘써 주시기 바랍니다.

질문 : 세스코 건물에는 벌레가 하나도 없나요? 참 궁금한 게 많죠?

답변 : 사육 중 간혹 탈출하는 녀석들이 있는데, 곳곳에 설치된 시스템에 의해 바로 검거됩니다.

질문 : 할 일이 더럽게 없으신 거 아닌가요? 성격은 더럽게 좋아 보이시네요. 답변 쓰시는 분은 한 분인가요? 성별은?

답변 : 할 일 더럽게 많습니다. 고객님의 의견에 답변을 드리는 일이 소중한 일이기에 최선을 다하는 것입니다. 답변 하시는 분은 한 분이 아니고, 본사 전 직원이 합니다. 특히 해충에 관련된 질문이 많아 기술연구소 연구원들이 많이 답변을 하고 있습니다. 즉, 더럽게 많은 분들이 답변을 드

리고 있다고 할 수 있습니다. 성별도 더럽게 많이, 아니 두 종류(?)가 있네요. 그럼, 더럽게 행복한 하루 되세요.

세스코는 고객들의 황당하고 장난스러운 질문에 짜증을 내거나 무시하지 않고 일일이 기발한 답변을 남겼다. 이를 통해 엄청난 광고비를 쏟아부은 것보다 훨씬 더 큰 홍보효과를 얻을 수 있었다.

이제 개인이건, 경영자건, 회사건, 유머는 우리 사회의 필수덕목으로 자리잡았다. 하지만 '나는 원래 유머감각이 없어.', '내가 과연 누굴 웃길 수 있을까?' 이런 고민을 하는 사람들도 분명 있을 것이다. 그러나 다행스러운 것은 유머는 타고 나는 것이 아니라 후천적으로 길러진다는 것이다.

모든 상황을 긍정적으로 생각하고, 침착하고 여유롭게 대처해 나간다면 유머감각은 저절로 길러진다. 그리고 틈틈이 인터넷에서 떠도는 웃긴 이야기나 유머집을 자주 훑어보자. 당신의 앞날에도 웃음꽃이 가득 피어날 것이다.

사람이 살아가기 위해서는

네 가지 물리적인 요소가 필요하다.

그것은 공기와 물, 음식,

그리고 마지막으로 마음의 소통이다.

공기와 물, 음식이 없으면 사람의 생존은 불가피하다.

마찬가지로 사람과 사람 사이에

따스한 마음의 소통이 없을 때

사람은 살아있지만 죽은 것과 다를 바 없다.

– 미조리 스완슨

사람을 잃으면
모든 것을 잃는 것이다

무더위가 기승을 부리는 8월. 한 노인이 연방 부채질을 하며 회사 건물 안으로 들어갔다.

'날씨 한 번 고약하군. 왜 이렇게 더운 거야.'

노인은 복도 끝에 있는 문을 열더니 그 안으로 들어갔다.

사무실에 들어오자마자 노인은 아무렇지도 않은 듯 바지와 윗옷을 벗기 시작했다. 이윽고 노인은 속옷 차림이 되었다.

노인은 의자에 앉아 몸을 뒤로 조금 젖힌 후 두 다리를 책상 위에 올려놓았다.

'휴~우. 이제 좀 살만하군.'

맘 같아선 아예 옷을 홀딱 벗고 싶었지만 많은 사람들이 오가는 회사인지라 차마 그럴 순 없었다.

잠시 후 노인은 혼잣말을 중얼거리며 자리에서 일어났다.

'연극 포스터나 붙여볼까?'

노인은 연극 포스터 수십 장을 옆구리에 끼고 간이사다리 위로 올라갔다. 그리고 이리저리 살펴보더니 벽면에 포스터를 가지런히 붙이기 시작했다. 어느새 벽은 포스터로 가득 찼다.

사다리에서 내려온 노인은 벽에 붙어 있는 연극 포스터를 보며 흐뭇한 표정을 지었다. 그러더니 갑자기 자기가 햄릿이라도 된 듯 지그시 눈을 감고 대사를 읊어댔다.

"사느냐, 죽느냐 이것이 문제로다. 잔인한 운명의 화살을 받고도 마음속으로 꾹 참아내는 것과 무기를 들고 고난의 바다에 감연히 맞서 싸워 박멸해버리는 것. 어느 쪽이 더 고귀한 일인가? 죽는다는 것은 잠이 든다는 것. 그 뿐이다. 잠이 들면, 아마 인간이 당하지 않으면 안 되는 가슴 속의 수많은 번뇌와 헤아릴 수 없는 육체의 고통을 잊을 수 있을 것이다. 그거이야말로 마음속으로부터 바라는 최상의 극치이다. 죽는다. 잠이 든다. 잠이 든다. 어쩌면 꿈을 꾸겠지. 아! 그것이 마음에 걸리는구나."

그때 문밖에서 똑똑똑 노크소리가 들려왔다.

"네. 들어오세요."

말끔하게 정장을 입은 중년의 남자 두 명이 들어왔다.

"야마다 아키오 회장님이시죠?"

"예. 그렇습니다."

"어제 연락드렸던 '닛산'의 홍보팀장입니다. 회장님과 인터뷰 좀 하려고 이렇게 찾아왔습니다."

"아, 그러세요? 어서 앉으세요."

속옷 차림의 노인은 바로 '샐러리맨들의 천국'으로 유명한 미라이 공업의 창업주이자 회장 '야마다 아키오'였다.

닛산 홍보팀장은 손수건을 꺼내 얼굴에 흐르는 땀방울을 닦으며 말했다.

"무지 덥네요."

야마다는 미안한 표정을 지으며 부채를 건넸다.

"죄송하지만 더위는 좀 참아주세요. 에어컨이 있긴 하지만 에어컨을 켜면 직원들에게 돌아갈 혜택이 그만큼 줄어들거든요. 정 더우시면 저처럼 옷을 벗으시죠."

닛산 홍보팀장은 손을 내저었다.

"괜찮습니다. 회장님께서 참으시는데 저도 참아야죠."

"그나저나 '닛산' 같은 세계적인 기업에서 왜 저를 인터뷰하려는 겁니까? 저는 보잘 것 없는 중소기업을 이끄는 노인에 불과합니다."

"아닙니다. 미라이 공업은 샐러리맨들에겐 천국과도 같은 곳입니다. 회사를 천국처럼 만든 회장님의 노하우를 우리 닛산도 좀 배우고자 이렇게 찾아왔습니다."

"별거 없습니다. 그저 직원들에게 채찍보다는 당근을 줄 뿐입니다."

"당근이요? 그럼 직원들이 긴장감이 없어져서 나태해지지 않을까요?"

"전, 그런 거 잘 몰라요. 지금까지 해왔던 것처럼 앞으로도 계속 당근만 줄 겁니다. 그러면 회사는 자연히 발전할 것이라고 믿습니다. 사람은 재료가 아니라 사람 그 자체이니까요."

사실 그는 연극배우가 되고 싶었다.

중학교 때 연극을 한 편 봤는데, 그 후 연극에 완전히 빠지고 말았다. 하루종일 머릿속에서 연극 장면이 맴돌았다. 그러나 아버지의 완강한 반대에 부딪혀 아버지가 경영하는 전기설비 자재회사에 들어가 경영수업을 받아야 했다. 하지만 그의 관심사는 온통 연극밖에 없었다.

"부장님, 저랑 연극 보러 가실래요?"

"지금 근무시간입니다. 그러다 회장님이 아시면 저까지 곤란해집니다."

"괜찮아요. 제가 다 책임질게요. 어서 가요."

그는 회사일은 딴전이고 직원들을 이끌고 연극을 관람하는데만 정신이 팔렸다. 이런 아들을 보며 그의 아버지는 답답해했고, 결국 그는 회사에서 쫓겨나고 말았다.

하루아침에 빈털터리가 된 그는 나름대로 살 길을 찾아야 했다.

'연극을 보려면 일단 돈이 필요해. 돈을 벌어야 해. 아버지처럼 회사를 차리자.'

그렇게 해서 그는 연극으로 인연을 맺은 사람들 몇 명과 함께 1965년 '미라이 공업'을 창업했다.

창업식 날, 그는 직원들 앞에서 다음과 같이 포부를 밝혔다.

"비록 지금은 규모가 작은 구멍가게지만, 어느 정도 회사가 발전하면 여기 있는 직원들에게 상상 이상의 것을 줄 것입니다. 그러니 우리 모두 기존의 제품을 뛰어넘는 창조적인 제품을 만들어봅시다."

전기에 관한 한 이미 대기업인 마쓰시다 전기회사에서 시장을 장악하고 있었지만, 그는 아이디어만 있다면 충분히 승산이 있다고 판단했다.

그리고 몇 년이 지나지 않아 꽤 괜찮은 제품을 하나 만들어냈다. 알루미늄 테이프를 붙인 스위치 박스였다. 기존의 스위치 박스는 벽면 뒤에 정착되었기 때문에 전기장치가 고장나면 스위치 박스의 위치를 감으로 추측해 벽을 뚫어야 했다. 때문에 잘못되면 스위치 박스를 찾기 위해 벽면 여기저기를 뚫어야 하는 불편함이 있었다. 그런 불편함을 없애기 위해 그는 스위치 박스에 알루미늄 테이프를 붙였다. 그 결과, 휴대용 금속 탐지기로 그 위치를 쉽게 찾을 수 있었다. 그의 예상대로 스위치 박스는 시장에서 대히트를 쳤다.

회사가 어느 정도 안정권에 접어들자, 그는 자신만의 경영 방식을 실현시키고자 했다. 그 방식이란 다름아닌 '지독한 절약'이었다.

그는 회사 이곳저곳에 직접 손으로 쓴 표어를 붙였다.

「종이 한 장도 아끼자!」

「종이컵 대신 개인 컵을 이용하자!」

「여름엔 창문을 열고 겨울엔 창문을 닫자!」

「출장을 다닐 때 웬만하면 대중교통을 이용하자!」

심지어 형광등에 달린 끈에도 직원들의 이름을 써서 매달게 했다. 자리를 비우면 각자 머리 위에 있는 형광등을 끄라는 것이었다. 복도는 항상 어둡고, 직원이 수백 명이 넘는데도 복사기는 단 한 대밖에 없다. 인쇄비가 아까워 직원 식당의 식권도 만들지 않았다. 결국, 그는 직원들에게 '자린고비 경영자'라는 별명을 얻었다.

그러나 직원들은 전혀 불만이 없었다. 절약으로 얻어진 돈을 모두 직원들에게 돌려줬기 때문이다.

1990년 11월 어느 날, 그는 직원들에게 다음과 같이 말했다.

"우리 회사가 이만큼 발전한 건 모두 여러분들의 노고 덕분입니다. 이에 보답하기 위해서 여러분들과 가족들에게 해외여행을 보내 주고자 합니다. 한 사람도 빠지지 말고 모두 다 가도록 합시다. 고객들에게 사과 메시지를 남기고, 회사는 아예 문을 닫도록 하세요."

직원들은 감동의 눈물을 흘렸다.

그 후로도 5년에 한 번씩 전 직원들에게 해외여행을 시켜줬다. 그뿐만이 아니다.

"김 대리, 임신했나? 육아휴직은 넉넉하게 다녀오도록 하게. 3년이면 충분하지?"

"3년씩이나요? 정말 감사합니다, 사장님."

"감사하다니. 그 동안 열심히 일했으니, 당연한 일이지."

3년간 육아휴직 보장은 물론 전 직원들이 정규직에 휴일근무는 아예 없다. 또한 오후 5시면 모두 퇴근을 시켰다. 연말연시 휴가는 19일이며, 여기에 연간 총 140일의 휴가와 개인 휴가가 따로 있다. 그리고 정년이 70세이기 때문에 누구나 아무 걱정 없이 70세까지 일할 수 있다. 또 60~65세는 급여를 절반으로 줘도 된다고 법에 규정하고 있지만 절대 깎지 않았다.

정리해고도 없고, 업무목표도 없다. 영업목표나 생산목표는 직원 개개인이 직접 정한다. 월급도 대기업 못지 않게 많이 준다. 그러니 직원들 모두가 일할 맛이 나고, 회사에 대한 애사심도 남다르다. 스스로 회사를 위해 할 수 있는 일이 뭔가를 고민하고 수많은 아이디어를 쏟아낸다. 실제로 미라이공업의 1만 8,000종의 아이디어 상품 중 90%가 특허상품인데, 대부분 직원들이 자발적으로 낸 아이디어로 만들어진 것이다.

그는 한 언론과의 인터뷰에서 이렇게 말했다.

"회사원들은 하루 12시간을 회사에 구속받습니다. 8시간 잠을 잔다고 할 경우 자유시간은 겨우 4시간 밖에 없는 셈이죠. 그런데 잔업까지 하고, 휴일에도 나와서 일한다고 생각해보세요. 그건 인간답게 사는 게 아니예요. 일할 때는 열심히 하고 나머지 시간은 잘 쉬어야 해요. 또 비용을 줄이듯 직원들을 줄이는 건 잘못된 것입니다. 직원들을 줄이기 전에 다른 건 줄일 게 없나, 그것부터 생각해야 합니다. 직원들은 소모품이 아니니까요. 직원들이야말로 회사의 자산이고, 회사의 기둥입니다."

그는 지금도 직원들에게 더 많은 혜택을 주기 위해 짠돌이 생활을 고수하고 있다. 가까운 편의점에 가면 공중전화가 있는데 휴대폰이 왜 필요하냐며 그 흔한 휴대폰조차 갖고 있지 않다. 그리고 회사에 출근할 때는 집 근처에 사는 직원의 차를 얻어 탄다. 그것이 바로 사람을 최고의 가치라고 생각하며, 회사를 천국으로 만든 야마다 아키오의 경영철학이다.

'사람'이 가장 큰 재산이다

퇴사하고 싶은 이유 1위 '직장 내 인간관계'

하루에 한 끼도 제대로 못 먹던 시절, 아주 먼 거리를 걸어 다니던 시절, 가난 때문에 학업을 포기하던 시절이 있었다.

물론 지금도 어려움을 겪고 있는 사람들이 많지만 예전보다 생활이 윤택해진 건 사실이다. 그러나 물질이 삶의 질까지 보장해주진 않는다. 삶의 질을 높이기 위해선 물질이 기본적으로 충족되어야 하지만 그보다 중요한 것이 있다. 바로 정신적인 풍요다.

치열한 경쟁 속에서 살아남아야 하기에 순수했던 인간성은 점점 더 메말라가고, 인간관계는 사무적이고 필요에 의해 이루어진다. 그러다 보니 인간관계에서 느껴지는 외로움과 허무함으로 인해 정신적인 고통을 호소하는 사람들이 꽤 많다.

인간관계는 필요에 의한 선택적 인맥으로 바뀌고 있다. 당연히 내

면적 친밀감이 떨어지고 점점 외로워진다.

사람 사는 세상에서 사람 냄새가 나지 않고, 정이 없으며, 서로에 대한 신뢰가 사라진다면 그건 지옥과도 같다.

성공하고자 하는 욕망이 강하다면 긍정적인 인간관계를 형성하는 게 중요하다. 실제로 한 취업 사이트의 설문조사에 의하면 인간관계가 얼마나 중요한지 알 수 있다.

직장인 3,000명을 대상으로 '직장에서 퇴사하고 싶은 이유'라는 설문을 실시했다. 많은 사람들이 '낮은 급여'가 1위라고 생각할 것이다. 그러나 전혀 다른 결과가 나왔다.

퇴사하고 싶은 이유 1위는 바로 '직장 내 인간관계' 때문이었다. 참가자의 33%가 그렇게 대답했다. '낮은 급여'라고 말한 사람은 불과 10% 밖에 되지 않았다.

또한 부자들을 상대로 '부자의 비결'에 대해 물었다. 1위는 바로 '성공적인 인맥관리'였다. '사람이 재산이다'라는 말이 괜히 나온 게 아닌 것이다.

주위를 둘러보면 보면 혼자서 할 수 있는 일이 몇 개 안 된다는 걸 금방 알 수 있다. 사업을 시작할 때도 주위의 도움이 필요하며, 기쁨을 표현하고 슬픔을 나누고자 할 때도 누군가가 필요하다.

사람과 사람 사이의 친밀감은 결국 마음과 마음이 결합하는 문제이다. 멋진 포장술과 테크닉으로 잠시 마음을 사로잡을 수 있을지 모르지만 그건 오래가지 못한다. 사람의 마음을 얻고 내 편으로 만들기 위해선 '진심'이 통해야 하기 때문이다.

진심은 마음의 닫힌 문을 열게 한다

〈입영열차 안에서〉라는 노래를 아는가? 그 노래를 부른 가수 김민우는 1990년대 초를 대표하는 톱스타였다. 혜성처럼 나타나 당시 사람들의 마음을 사로잡는 감미로운 노랫말로 가요계에 우뚝 섰다. 하지만 그 영광은 오래가지 못했다.

그의 노래처럼 데뷔 몇 개월 만에 군대에 가고 말았기 때문이다. 제대 후 몇 장의 앨범을 다시 발표했지만 사람들은 그때 그 사람들이 아니었다. 사람들은 그를 철저히 외면했다.

어쩔 수 없이 가수생활을 접어야 했던 그는 생존을 위해 '자동차 세일즈'를 시작했다.

처음에는 고객들에게 고개를 숙이고, 차 한대 팔아달라며 부탁하는 게 무척 자존심 상했지만, 곧 그는 그런 자존심은 아무 쓸모가 없다는 걸 깨달았다.

'그래. 모든 걸 다 내려놓자.'

그는 변하기로 마음먹었다. 고객이 노래를 한 곡 부탁하면 어느 장소건 상관하지 않고 최선을 다해서 노래를 불렀다. 또 전화가 오면 그곳이 어디라도 쏜살같이 달려갔다. 인사도 허리를 90도로 굽힌 후 속으로 3초를 센 다음 허리를 폈다. 가수가 아닌 세일즈맨 김민우로 다가가기 위해서였다.

결국, 그의 진심은 통했다. 그리고 마침내 2006년 3월 '판매왕'이라는 자리까지 오를 수 있었다.

사람을 이끄는 리더나 회사를 경영하는 사람들에겐 진심이 반드시 필요하다.

강압이나 권위로 조직을 이끌고 회사를 운영할 수도 있다. 어쩌면 그런 방식이 아랫사람들을 바짝 긴장시켜 일을 신속하게 처리하고 실적을 높이는데 도움이 될 수도 있다. 그러나 장기적으로 보면 더 큰 손해라는 걸 알아야 한다. 강압이나 권위에 굴복해서 어쩔 수 없이 하는 경우가 많기 때문이다. 그리고 더 좋은 기회가 생기면 미련 없이 떠나버린다. 결국, 사람도 잃고, 본인에 대한 좋지 않은 인식만을 심어주는 셈이다.

때로는 강한 것보다는 부드러운 것이 더 큰 힘을 발휘한다. 하지만 그 부드러움 속에는 반드시 진심이 담겨 있어야 한다.

스타벅스 회장, 하워드 슐츠의 진심

'스타벅스'로 전세계 커피문화를 주도하고 있는 하워드 슐츠 회장은 진심이 담긴 인간중심 경영으로 유명하다. 특히, 그는 직원들에 대한 애착이 남다르다.

"제게 있어 가장 소중한 사람은 바로 직원들입니다. 그 다음이 고객입니다. 고객들에 대한 더 좋은 서비스도 결국 직원들의 마음에서 나오기 때문입니다."

그는 종업원을 직원이 아닌 파트너라고 부른다.

한 번은 이런 일이 있었다.

1990년 중반, 텍사스의 한 매장에서 끔찍한 사고가 터졌다.

"회장님, 큰일 났습니다. 텍사스 매장에서 금방 연락이 왔는데, 매장 관리자가 강도에게 살해당했다고 합니다."

"지금 그게 무슨 소린가? 확실한가? 다시 한 번 확인해보게."

"제가 몇 번이고 확인했습니다. 사실입니다."

"안타까운 일이군. 모든 일정을 취소하고 어서 텍사스로 가세."

"회장님, 오늘 밤에 중요한 미팅이 있습니다. 텍사스 매장 일은 제가 알아서 하겠습니다. 그러니 회장님은 신경 쓰지 마십시오."

"그런 말이 어디 있나? 지금 그 일보다 더 중요한 게 뭐가 있나. 어서 가세."

하워드 슐츠는 모든 일정을 취소하고 그날 밤, 전세 비행기를 타고 텍사스로 갔다.

현장을 둘러 본 그는 사망자의 유가족들을 위해 자신이 뭘 할 수 있을지 고심했다. 그리고 중대한 결정을 내렸다. 텍사스 매장을 폐쇄하고 매장을 판 돈을 유가족 부양과 그 자녀들의 교육을 위해 모두 헌납하기로 한 것이다.

그는 진심 어린 눈빛으로 유가족을 위로했다.

"이 돈으로 크나큰 상처를 아물게 할 순 없을 겁니다. 하지만 이것이 제 마음이며, 위로며, 사랑입니다. 제발 받아주십시오."

"회장님, 이렇게까지 신경을 써주셔서 정말 감사합니다."

직원을 가족이라고 생각하지 않았다면 그런 결정을 내릴 수 없었을 것이다.

그리고 돈보다 사람이 우선이며, 직원이 먼저라는 그의 생각은 지금도 변치 않고 있다.

“직원들은 만날 때마다 저 때문에 부자가 되었다고 감사해 합니다. 그러나 그건 잘못된 말입니다. 오히려 제가 그들 때문에 부자가 되었으니까요.”

존중과 배려는 사람을 끌어당긴다

진심은 일상생활 속에서 부딪히는 모든 사람들을 유기적으로 연결시켜주는 끈과 같다. 진심이 없는 관계는 오래가지 못하며 결국 등을 돌리게 된다.

진심으로 대한다는 게 그리 어려운 문제만은 아니다. 먼저 마음을 열고 다가가면 된다.

상대방이 얘기를 할 때 집중해서 경청하고, 내용을 이해하려고 노력하고, 필요에 따라 적극적으로 반응을 보이면 된다. 상대방의 마음에 공감하고 같은 편이 되어주는 것이야말로 존중과 배려이며 하나가 될 수 있는 방법이다.

국제연맹 창설에 공헌해 ‘노벨평화상’을 받은 미국 정치가 윌슨은 이렇게 말했다.

“만약 당신이 두 주먹을 불끈 쥐고 날 찾아온다면 나 역시 절대로 약한 모습을 보이지 않을 것입니다. 하지만 당신이 ‘우리의 의견이 어떻게 다르고, 어떻게 해야 문제를 해결할 수 있는지 잠깐 앉아서 얘기 좀 합시다’ 라고 말한다면 나는 기꺼이 받아들일 것입니다. 어쩌면 우리의 의견 차이는 그리 큰 것이 아닐지도 모릅니다. 서로 인내심을 갖고 솔직해진다면 합의점을 찾을 수 있을 것입니다.”

창을 들고 상대방에게 다가가면 상대방은 칼을 꺼내 휘두를 것이다. 그러나 진심을 보이며 다가간다면 상대방 역시 진심으로 맞이할 것이다.

이 세상은 어차피 혼자의 힘으로 살아갈 수 없다. 서로 기대고 의지하며 도우며 살아가야 한다.

과연, 당신 곁에 어떤 사람이 있길 바라는가? 당신의 진심이 그 답을 줄 것이다.

사람을 얻기 위해 별의별 짓을 다한다.

돈으로 마음을 사기도 하고

좋은 인상을 심어주기 위해

말도 안 되는 연출을 하기도 하고

강압이 안 되면 회유로 접근하기도 한다.

하지만 그런 것보다 더 효과적인 게 있다.

사람이 할 수 있는 일 중

제일 값이 싸게 먹히는 일은

다른 사람에게 잘 대해주는 것이다.

누구에게나 미소를 지으면서 인사하고

그를 믿도록 하자.

이것이야말로 인생에서 최고의 배당금을 가져다 줄 것이다.

– 조셉 머피

사람을 얻으려면
철저하게 자신을 낮추어라

늦은 오후였다.

'카가야 여관'의 안주인 오도 다카는 우체부로부터 한 통의 편지를 건네받았다.

"부인, 편지 왔습니다."

"편지요? 제게 편지를 보낼 사람이 없는데."

"여기 '카가야 여관 주인 오도 다카'라고 분명히 적혀 있잖아요."

"예. 맞네요."

"그럼 안녕히 계세요."

"길이 미끄러우니 조심히 가세요."

오도 다카는 우체부를 향해 허리를 숙여 정중히 인사를 하고는 안으로 들어갔다.

그녀는 주방에 있는 의자에 앉아 편지를 이리저리 살펴보았다.

'누구지? 누가 나한테 편지를 보냈지?'

고개를 갸웃거리며 편지봉투의 윗부분을 찢었다. 예쁜 꽃그림이 그려진 편지지가 나왔다. 그녀는 돋보기를 꺼내 코끝에 걸었다. 그리고 한 줄 한 줄 읽어 내려갔다.

안녕하세요. 오도 다카 여사님.

지난번 저에게 베풀어주신 친절 너무 감사합니다.

60평생을 살았지만 그런 친절을 받은 건 처음입니다.

이번 겨울에도 저희 친척들과 함께 다시 찾을까 합니다.

그때 감사의 마음을 다시 한 번 전하겠습니다.

그럼, 몸 건강히 잘 지내시고 사업 번창하시길 바랍니다.

– 도쿄, 스즈키 올림

'아, 스즈키 씨였군.'

스즈키라는 이름을 보자 2년 전에 있었던 일이 떠올랐다.

중년의 남자들이 인근 사찰에 구경하러 왔다가 이곳 카가야 여관에 머문 적이 있었다. 그들 중에 스즈키라는 사람이 있었다.

손님들은 아름다운 경치와 따뜻한 온천물에 기분이 좋았는지 2층 방에 오순도순 둘러앉아 술을 마시기 시작했다.

오도 다카는 무릎을 꿇은 채 신선한 생선회를 손님들께 내밀었다.

"술안주로 참치회가 제격입니다. 모자라면 언제든지 말씀하십시오."

"오, 이렇게 귀한 음식을 내주시다니. 정말 감사합니다."

"감사하다니요. 아닙니다. 멀리서 여기까지 찾아주셨는데 당연히 최선을 다해 모셔야죠. 그럼 즐거운 시간 되십시오."

오도 다카는 허리를 깊게 숙인 후 뒷걸음으로 조심스럽게 방을 빠져나왔다. 잠시 후 1층 카운터에서 업무를 보고 있는데 갑자기 2층 계단에서 우르르 꽝 하는 소리가 들려 왔다.

그녀는 깜짝 놀란 토끼눈으로 황급히 계단 쪽으로 달렸다. 스즈키라는 남자가 그만 계단에서 미끄러져 쓰러져 있었다. 과음을 해서 몸을 제대로 가누지 못한 것이다.

"손님, 괜찮으세요? 잠시만 기다리세요. 응급차를 부를게요."

그녀는 서둘러 병원에 전화해 응급차를 요청했다. 다행히 몇 분 지나지 않아 의사가 도착했다.

"다리 골절입니다. 병원에 가서 검사한 후 깁스를 해야 할 것 같습니다."

스즈키는 간이침대에 누워 응급차에 태워졌다. 그 모습을 옆에서 지켜보던 그녀는 연신 스즈키를 향해 고개를 숙였다.

"손님, 죄송합니다. 정말로 죄송합니다."

그러자 스즈키는 손을 내저었다.

"죄송하긴요. 제가 실수로 넘어진 건데요."

다음 날, 오도 다카는 아침 일찍 일어나 정성스럽게 도시락을 준비했다.

"사모님, 어디 가시게요?"

"응. 가볼 때가 있어. 그러니 네가 여관 일 좀 잘 맡아서 해줘."

오도 다카는 도시락을 들고 황급히 여관을 빠져나갔다. 그녀가 간 곳은 바로 스즈키가 있는 병원이었다.

"선생님, 다리는 좀 어떠세요?"

"사모님, 여긴 어떻게 오셨어요?"

"당연히 와 봐야죠. 저희 손님인데요. 자, 이것 좀 드셔보세요. 입맛에 맞을지 모르겠네요."

"이러실 필요 없는데……."

그 다음 날도 그녀는 도시락을 들고 병문안을 갔다. 그 다음날도 마찬가지였다.

"사모님, 이렇게 매일 오시면 제가 부담스럽습니다."

"아닙니다. 저희 여관에서 일어난 일이니 제가 책임을 져야죠."

"그게 무슨 말씀이세요. 술 먹고 제가 실수를 한 건데요."

그녀는 그렇게 한 달 동안 하루도 거르지 않고 병원에 도시락을 날랐다.

그녀의 감동어린 서비스 정신에 감동한 스즈키는 이 일을 계기로 카가야 여관의 단골손님이 되었다.

한 번은 천황궁에서 연락이 왔다.

"천황궁입니다. 이번 겨울에 천황 내외분께서 그곳에 한 이틀 정도 머무를 예정이니, 잘 좀 준비해주세요."

연락을 받은 오도 다카는 가슴이 두근거렸다. 천황 내외분께서 누추한 이곳까지 찾아주신다는 게 너무나 감격스럽고 고마웠다. 그녀는 천황 내외분을 어떻게 모셔야 할지 난감했다.

'분명 궁중의 예의범절이 따로 있을 거야. 천황궁에 들어가서 그 법도를 배워야겠어.'

그녀는 천황 내외분께 보다 완벽한 서비스를 제공하고 싶었다. 그래서 궁중의 예의범절을 배우기 위해 직접 궁궐에 들어가 한 달 동안 궁중 법도를 배웠다. 그리고 천황 내외분이 여관에 들르기 한 달 전부터는 아예 다른 손님은 받지 않았다.

이런 일도 있었다.

예약 손님이 오기로 한 날, 갑자기 폭설이 내려 길이 막혀버렸다.

도착시간이 많이 지연될 게 불을 보듯 뻔했지만 오도 다카는 도착 예정 시간에 맞춰 여관 입구에 나가 손님을 기다렸다.

그런 그녀를 보고 직원들은 조심스럽게 말했다.

"사모님, 안에 들어가서 기다리세요. 눈이 너무 많이 내려서 한 두 시간 정도 늦게 도착할 게 틀림없어요."

"괜찮다. 손님을 안에서 기다리는 건 손님을 맞이할 마음자세가 안 된 거야. 당연히 밖에서 기다려야지. 너희들은 상관 말고 안에 들어가 있어."

"사모님, 날씨가 무척 사납습니다. 눈발도 강하고요. 그러다 큰일 나시겠어요."

“괜찮다니까. 내 걱정말고 손님 맞을 준비나 철저히 해.”

기어코 그녀는 눈을 맞으며 입구에서 손님을 기다렸다. 눈발은 더욱더 거세졌고, 급기야 머리와 어깨 위에도 눈이 수북이 쌓였다. 온몸이 덜덜덜 떨렸지만 이를 악물었다.

마침내 눈길을 뚫고 손님들이 여관에 도착했다. 눈을 흠뻑 맞은 채 문 앞에 서 있는 오도 다카의 모습을 본 손님들은 깜짝 놀랐다.

“아니, 왜 여기에 계십니까? 혹시 지금까지 여기서 저희를 기다리신 겁니까?”

“당연하죠. 서비스의 시작은 웃는 얼굴로 맞이하는 것 아닙니까? 여기까지 오시느라 수고 많으셨습니다.”

그녀는 허리를 깊히 숙여 정중히 인사했다. 그 모습을 본 손님들은 그녀의 서비스 정신에 또 한 번 감격했다.

오도 다카는 평생토록 허리 한 번 제대로 펴지 못했다.

손님들을 위해 자신을 한없이 낮췄기 때문이다. 그 어떤 일이 있어도 손님에게 무표정한 얼굴이나 언짢은 표정을 보이지 않았다. 언제나 미소 띤 얼굴을 보였으며, 앉아 있는 손님 앞으로는 절대 지나가지 않았다. 뒤로 물러날 때도 절대 등을 보이지 않았다. 진심이 아니면 하기 힘든 일이었다.

혹시나 자신의 불친절한 행동으로 인해 카가야의 창업주이자 시아버지인 오도 요키치로의 명성에 누가 될까봐 언제나 최선을 다해 손님들을 모셨다.

그렇게 최상의 서비스를 제공하는데 한 평생을 보낸 그녀는 말년에 휠체어를 타는 신세가 되고 말았다. 하루 종일 허리 숙여 인사하고, 무릎을 꿇은 채로 서비스를 하다 보니 몸이 엉망이 된 것이다.

어느 날, 기자가 그녀에게 물었다.

"연세도 많으신데 왜 그렇게 몸을 안 사리고 허리를 숙이십니까?"

그러자 그녀는 미소를 지으며 말했다.

"친절할 수밖에 없습니다. 친절하지 않으면 누가 다시 이곳을 찾겠습니까? 그리고 저는 친절의 힘을 믿습니다. 한 명에게 베푼 서비스는 단지 한 명에게만 전해지는 게 아닙니다. 그 한 명 뒤에는 천 명, 만 명의 손님이 있습니다."

안타깝게도 그녀는 1990년 향년 76세로 타계했다. 하지만 그녀의 서비스 정신은 그의 장남 부부에 의해 여전히 이어지고 있다.

만약 그녀의 서비스 정신이 없었다면 카가야 여관은 100년이 넘는 역사를 잇지 못했을 것이다.

죽기 전에 한 번쯤 방문하고 싶은 여관, 26년 동안 '일본 최고의 여관'으로 선정될 수 있었던 것도 그녀의 한결같은 서비스 정신이 있었기에 가능했던 것이다.

인정받고 싶다면 남을 먼저 인정해라

성공하는 사람들의 공통 습관 '친절'

누군가가 당신에게 친절을 베풀고 당신의 의견을 귀담아 들어준다면 기분이 어떨까? 왕이라도 된 듯 기분이 좋아지는 건 물론 상대방에게 호감을 느낄 것이다.

사람은 다 똑같다. 자기에게 잘해주는 사람, 친절을 베푸는 사람, 위해주는 사람을 좋아한다. 그러나 반대로 당신에게 불친절하고, 까칠하고, 퉁명스럽게 군다면 당신 역시 인상을 쓰고 웬만하면 마주치지 않기를 바랄 것이다. 그러므로 누군가에게 대우를 받고 싶고, 인정받고 싶다면 먼저 남을 대우해주고 인정해주면 된다.

세계적으로 존경받는 리더십의 권위자이자, 조직 컨설턴트의 대가인 스티븐 코비 박사는 《성공하는 사람들의 7가지 습관》에서 '감정은행계좌'라는 말을 언급했다.

돈을 예금하면 나중에 필요할 때 찾아 쓸 수도 있고 그대로 놓아두면 이자가 붙듯, 친절이나 배려 등 상대방에 대한 나의 좋은 이미지, 즉 신뢰감을 차곡차곡 쌓아두면 인간관계에 있어서 큰 도움이 된다는 것이다.

신뢰감이라는 잔액이 많이 남아있다면, 자신이 실수나 잘못을 저질렀다 해도 용서나 이해를 쉽게 구할 수 있다. 반면, 신뢰감 잔액이 부족하거나 마이너스 상태라면 아무리 일을 잘하고 똑똑해도 인정받기 힘들고 외면당하기 쉽다. 이처럼 인간관계에서 친절과 배려를 베푸는 건 결국 자기 자신을 위한 투자이자 서로에 대한 관계 개선의 단초라고 할 수 있다.

세계적인 경영사상가 말콤 글래드웰는 사람과 사람 사이의 신뢰감 내지 좋은 이미지를 쌓는 것이 얼마나 중요한지, 그렇지 않으면 어떤 결과를 초래하는지 《블링크》에 잘 설명하고 있다.

의학자인 웬디 레빈슨은 의사들이 환자들을 대하는 태도를 연구해 의료사고 소송과의 상관관계를 밝혀냈다. 그는 먼저 의사들과 환자들의 대화하는 장면을 수백 편 확보했다. 그리고 의료사고 소송을 당했던 의사와 고소 전적이 없는 의사가 환자에게 어떤 태도로 대하는지 비교해보았다.

놀라운 사실은, 고소 전적이 없는 의사는 환자들에게 편안하게 무엇이든 물어보라고 귀를 기울이고 격려해주었다. 그리고 의료소송 전적이 있는 의사들보다 평균적으로 진료시간이 3분가량 더 길었다. 이 두 부류의 의사의 실력은 사실 별반 다르지 않다. 그러나 한쪽 의사는 고소를 당하고 다른 한쪽 의사는 고소를 당하지 않았다.

환자들은 친절한 의사의 실수로 인해 자신이 피해를 보더라도 그 의사에게 책임을 묻지 않는 무한 신뢰감을 보여준다. 반면에 자기에게 불친절한 의사에게는 작은 실수도 용납하지 않고 법적인 절차를 밟는 것이다.

이 연구를 통해 친절함이 사람의 생각과 태도에 얼마나 많은 영향을 끼치는지 알 수 있다.

친절은 배려와 존중으로부터 시작된다

존스홉킨스 대학 교수인 포르니(P.M.Fomi)는 친절의 중요성에 대해 이렇게 말했다.

"나는 학생들에게 단테의 〈신곡〉을 강의하면서 새로운 사실을 하나 깨달았습니다. 학생들에게 단테의 삶과 글에 대해 가르치는 것보다 친절한 사람이 되도록 가르치는 것이 훨씬 더 중요하다는 사실입니다. 아무리 학점을 잘 받고 단테에 대해 많이 알고 학문적인 소양이 깊으면 뭐합니까. 밖에 나가서 버스에 탄 할머니들에게 불친절하다면 저는 선생으로서 보람도 없고 실패했다고 느낄 것입니다."

친절은 남에 대한 배려와 존중에서 시작된다. 남에게 보여주기 위한 친절은 오래 못가고 들통 나기 마련이다. 친절은 남을 위한 일이기도 하지만 결국 부메랑과도 같아 자기 자신을 위한 일이기도 하다.

그렇다. 친절은 그 사람의 이미지와 인간적인 됨됨이를 판단하는데 크게 작용한다. 실제로 불친절한 태도로 인해 큰 손해를 본 사례도 있다.

미국 제25대 대통령 윌리엄 맥킨리가 하원의원 시절 겪었던 일이다.

여느 때와 같이 전철을 타고 의회 사무실로 출근을 할 때였다. 전철 안은 사람들로 가득했다. 동료의원도 있었는데, 사람들이 너무 많았기 때문에 서로 얘기는 못하고 눈빛으로만 인사를 건넸다. 그런데 병색이 짙어 보이는 한 할머니가 동료의원 앞에 손잡이를 잡고 서 있었다. 맥킨리는 당연히 동료의원이 할머니께 자리를 양보할 것이라고 생각했다. 하지만 동료의원은 할머니를 외면했다.

몇 년 후 맥킨리는 대통령에 당선되었다. 맥킨리와 친분이 있던 동료의원은 신임대사 자리를 욕심냈다. 그리고 당연히 자신이 대사가 될 것이라고 생각했다. 하지만 맥킨리는 끝내 그 동료의원을 부르지 않았다. 동료의원이 지하철에서 보여준 불친절한 행동을 기억하고 있었기 때문이다.

친절의 전설, 일본 'MK택시' 창업주 유태식 회장

'MK택시'는 1960년대 10대의 택시로 사업을 시작해 지금은 1,000여 대가 넘는 택시와 수십 개의 주유소를 경영할 정도로 성장했다. 성장의 원동력은 바로 '친절'이었다.

창업주 유태식 회장은 기사들에게 고객이 택시에 타면 다음과 같이 하라고 교육시켰다.

첫째, 안녕하세요. MK택시입니다. 저는 OOO입니다.

둘째, 어디까지 모실까요? 네. 알겠습니다. 목적지가 OOO 맞으시죠?

셋째, 도착했습니다. 잊으신 물건은 없습니까? 네. 감사합니다.

그는 손님들에게 만약 기사가 교육받은 대로 하지 않으면 차비를 내지 않아도 된다고 선언했다.

기사들 입장에서는 매일 아침 친절교육을 받고 고객에게 친절을 베풀어야하는 게 여간 쉬운 일만은 아니었다. 그래서 다른 회사로 옮긴 기사들도 많았다. 하지만 그의 친절교육은 멈추지 않았다.

"지금은 비록 많이 불편하고 힘들겠지만 친절만이 우리 회사가 살고 여러분이 살 길입니다. 여러분이 친절을 베푼 만큼 우리 회사는 성장할 것이고 이익금은 여러분에게 돌아갈 겁니다."

유 회장의 친절에 대한 고집과 기사들의 서비스는 점점 고객의 마음을 사로잡았고, 마침내 1995년 〈타임〉지가 뽑은 세계 최고의 서비스 기업에 선정되었다, 또 고르바초프, 지미 카터같은 해외 저명인사들도 일본을 방문하면 외무성이 제공하는 관용차를 놔두고 MK택시를 이용할 정도다.

지금도 여전히 MK택시는 인기 상종가를 달리고 있다. 기사의 월급을 파일럿 수준으로 주기 때문에 매년 40명을 뽑는 기사모집에 대졸자들이 대거 몰리고, 경쟁률이 무려 200대 1에 육박할 정도다.

사람의 마음을 끌어당기는 친절의 법칙

'역지사지(易地思之)'의 마음으로 공감대를 형성하라

독일 철학자 마르틴 부버는 인간관계 속에서 만남과 대화가 삶의 근간을 이룬다고 말했다. 그는 만남과 대화의 유형을 크게 두 가지로 나눴다.

하나는 '나-너'의 관계다. 이는 상대방을 인정하고 서로의 말에 귀 기울여주며 호감을 나누는 인격적인 참다운 만남과 대화를 말한다.

다른 하나는 '나-그것'의 관계다. 이는 상대방과 대화를 나눌 때 지극히 사실적인 내용만 전달하고 형식적이며 독단적인 만남과 대화를 말한다. 매우 사무적이며, 비인간적인 맹맹한 만남이고, 대화의 틀을 갖고는 있지만 엄밀히 말하면 위장된 독백에 불과하다.

전자와 후자 중 무엇을 선택해야 할지는 분명하다.

자기 잘났다고 자랑만 일삼거나 상대편을 무시하는 발언이나 행동으로는 공감대를 형성할 수 없다.

세심한 배려로 굳게 닫힌 마음의 문을 열어라

이벤트나 선물만이 상대방의 마음을 사로잡는 게 아니다.

때로는 작지만 세심한 배려나 친절이 더 큰 감동을 주고 기억속에 오래 남기도 한다.

"지난번에 오셨을 때, 버섯 알레르기가 있다고 하셨죠? 그래서 손님께는 에피타이저로 조개 스프를 준비했습니다."

"여기 온지 벌써 반 년이나 지났는데 어떻게 그것을 기억하시고……."

만약 식당에서 이런 대접을 받았다면 어떻겠는가. 황홀하고 감동적일 것이다. 자신마저도 잊고 있었던 그 무엇을 상대방이 기억해서 챙겨주었을 때, 사소하지만 거기에 진심이 담겨져 있을 때 우리는 감동을 받게 되고 마음의 문을 연다. 사소한 친절의 힘은 의외로 강력하다. 반대로 작은 불손, 하찮은 무례도 인간관계에 크나큰 손실을 줄 수 있다.

'깨진 유리창 법칙(Broken Window Theory)'이라는 말이 있다. 누군가 유리창 하나를 깨뜨렸는데, 이를 고치지 않고 그대로 방치하면 건물이 관리되지 않는다고 생각한 다른 사람들도 나머지 남은 유리창을 깨뜨려 결국은 성한 유리창이 하나도 남지 않게 된다는 이론이 바로 그것이다.

그렇다. 작은 것 하나가 곧 전체를 의미하기도 한다. 따라서 사소한 것이라도 마음을 담아 친절을 베풀어야 하며, 작은 무례함도 보여서는 안 된다.

마음이 영령하고, 가슴이 시키는 일을 하라!

한동안 나는 어떤 자리에서건, 무슨 일이건,

내가 나서야 하고

남에게 진다는 것은 있을 수 없는 일이라고 생각했다.

어쨌든 다른 사람을 이겨야

사람들이 나를 똑똑한 사람이라고 여기며

존경하고 따를 줄 알았다.

하지만 그것이 얼마나 어리석은 생각이었던가.

그것은 나에게 있어 승리가 아니라 패배였다.

– 벤자민 프랭클린

사람을 발굴하고 키우는 모티베이터가 되라

고여 있는 물은 썩기 마련이다.

개인이나 조직이 발전하기 위해선 끊임없이 변화를 추구해야 한다.

변화라는 것이 단순히 세월의 흐름에 따라 느긋하게 바뀌는 걸 의미하진 않는다. 시대보다 한 발 앞선 지식이나 감각으로 생산적인 미래를 개척하고 투자해야 한다. 그렇지 않고 현실에 안주하거나 과거의 화려했던 성공에만 취해있다면 그 미래는 불을 보듯 뻔하다. 미래를 위한 변화, 즉 혁신만이 발전을 앞당길 수 있다.

그러나 혁신이 말처럼 쉬운 건 아니다. 지금보다 훨씬 더 많은 노력이 필요하고 그로 인한 고통 역시 감내해야 한다. 그래야 살아남을 수 있고 더 강한 힘을 지닐 수 있다.

혁신하면 떠오르는 인물이 있다.

세계적인 기업 GE의 전 CEO '잭 웰치'가 바로 그다.

그가 회장으로 부임했을 당시, GE의 가치는 120억 달러에 불과했다. 하지만 그가 퇴임할 당시에는 무려 4,500억 달러로 무려 40여 배 가까이 늘어났다. 그 비결은 바로 '혁신'이었다.

그는 회사를 운영하는 내내 과감한 혁신을 단행했다. 시장에서 1, 2위를 차지하지 못하는 부서는 과감하게 폐쇄하거나 매각했다. 직원들은 직장을 잃게 되었고, 항간에는 그를 냉혈한 리더라고 말하는 사람들도 더러 있었다. 하지만 대부분의 사람들은 그를 혁신을 통해 GE를 성장시킨 리더십의 표본이라고 생각했다.

혁신하면 카리스마 리더십을 떠올리기 쉽다. 그러나 이는 잘못된 것이다. 조금은 더디지만 기다릴 줄 알고 직원과 함께 가는 조용한 리더도 있다.

스카치테이프와 포스트잇으로 유명한 3M의 회장 윌리엄 맥나이트. 그는 스무살에 3M에 입사해 장부를 정리하는 일을 했는데, 그가 입사할 당시만 해도 3M은 사금을 캐내는 광산업체였다.

꼼꼼하고 조심성 있는 성격에 빈틈이란곤 없는 그를 보며 사람들은 혀를 내두르곤 했다.

"맥나이트! 일 마치고 술 한 잔 할 건데, 자네도 같이 가지?"

"전, 남은 업무도 있고 해서 다음에 참석할게요."

"너무 바쁜 척 하는 거 아냐? 자네랑 친해지고 싶은데 영 시간을 내주지 않는군.”

“죄송해요.”

그는 일 밖에 몰랐다. 사람들과 어울릴 시간조차 줄이면서 회사 일이라면 모든 것을 바쳤다. 그렇게 열심히 앞만 보고 일하다보니 어느덧 7년이란 시간이 흘렀다.

그는 성실함을 인정받아 스물일곱 살이라는 젊은 나이에 중간 간부격인 영업부장이 되었다. 그러는 동안 회사에도 많은 변화가 있었다. 광산업에서 사포나 회전 숫돌 등을 만드는 제조회사로 변화를 꾀한 것이다. 하지만 회사 사정은 갈수록 나빠졌다. 빚은 눈덩어리처럼 불어났고, 직원들의 월급조차 주지 못하는 상황에까지 이르렀다.

점점 기우는 회사, 비전도 없는 회사. 누가 그곳에서 일을 하고 싶겠는가. 직원들은 하나둘씩 회사를 떠났다. 맥나이트 역시 다른 회사로 옮길까 하는 생각도 했지만 차마 그럴 수 없었다.

‘회사가 어렵다고 이대로 나가는 건 비겁한 짓이야. 월급을 못 받는 한이 있더라고 일단 회사부터 살리고 보자.’

그는 그 동안 쏟았던 땀방울이 헛되이 되는 게 싫었다. 반드시 이곳에서 자신의 꿈을 이루고 밝은 미래를 열고 싶었다.

‘분명, 길이 보일 거야.’

그는 회사를 일으켜 세우기 위해선 신제품 개발이 가장 우선시되어야 한다고 생각했다. 그래서 500달러를 투자해 신제품 개발을 위한 작은 공간을 마련했다.

“회사 사정이 어렵다고 신제품 개발까지 멈출 순 없습니다. 전 여러분들이 멋진 제품을 만들어줄 것이라고 믿습니다. 뭐든지 필요하면 말씀만 하세요. 최대한 돕겠습니다. 그리고 절대로 조급하게 생각하지 마시고 편안한 마음으로 신제품 개발에만 전념해주세요.”

그러나 사장은 그와 생각이 달랐다.

“자네, 왜 그렇게 답답한가?”

“예? 그게 무슨 말씀이십니까?”

“지금 회사 사정을 몰라서 그러나? 연구원들을 다그쳐서 빨리빨리 신제품을 뽑아내야지. 그렇게 느슨하게 대하면 어떻게 하나? 시간을 많이 준다고 해서 제대로 된 제품을 만들 줄 알아? 감시하고, 독려하고, 재촉해야 뭐든지 잘 만들어낸단 말일세.”

“사장님, 지금 회사 사정이 어렵다는 건 잘 압니다. 그렇다고 연구원들을 너무 몰아세워선 안 됩니다. 저들은 우리 회사의 핵심입니다. 하루 아침에 신제품이 나오는 게 아니잖습니까? 수많은 시행착오 끝에 하나가 완성되는 것입니다. 그러니 여유로운 마음으로 믿고 기다려주십시오. 마음이 편안하고 작업 환경이 좋아야 연구원들도 더 훌륭한 제품을 만들 수 있지 않겠습니까?”

맥나이트는 연구원들을 독려하고 압박하는 대신 격려하고 믿어주는 방식을 택했다. 또한 사장으로부터 연구원들을 보호하는 방패막이 역할도 자처했다.

곧 그가 옳았다는 게 증명이 되었다. 연구원들이 꽤 괜찮은 신제품을 만들어낸 것이다.

“맥나이트 부장님, 우리가 해냈습니다. 이 제품이면 충분히 시장에서 좋은 반응을 얻을 것입니다. 모두 부장님이 지원해주고 묵묵히 기다려줬기 때문입니다."

연구원들이 만든 '쓰리엠아이트(Three-M-Ite)'라는 제품은 일명 '사포'라 불리는 인조 연마제였다. 제품은 불티나게 팔려나갔고 회사를 일으켜 세우는 데 결정적인 역할을 했다. 그리고 맥나이트는 그 공로를 인정받아 사장까지 오르게 되었다.

그는 부드러운 경영방식을 고수했다. '이끄는 사람이 너무나 강하면 그 밑에 있는 사람들이 꿈과 재능을 제대로 펼 수 없다'는 게 그의 생각이었다.

한 번은 이런 일이 있었다.

제품 개발 연구원 중 딕 드루라는 사람이 있었다. 그는 차량 도색 작업시 필요한 마스킹테이프를 개발하고자 밤낮없이 제품 개발에 매달렸다. 하지만 실패를 거듭했다. 그러나 맥나이트는 딕 드루의 실패에 대해 책임을 묻지 않았다. 그렇다고 계속 지원할 수도 없는 노릇이었다. 가능성이 없는 일이라면 일찍 접고 다른 일을 시도하는 게 나을 수도 있기 때문이다.

"딕 드루, 난 자네의 능력을 믿네. 그러나 이번 일은 힘들 걸로 판단하네. 그러니 마스킹테이프 개발 프로젝트는 그만두고 연마제 생산에 집중해주게."

딕 드루는 짧은 한숨만 내쉬었다.

"그렇게 알고 나가보게."

그러나 딕 드루는 사장인 맥나이트의 말에 수긍하지 않고 다시 실험실로 가 실험에 매달렸다.

맥나이트는 딕 두르가 자신의 말을 듣지 않는 것에 대해 기분이 언짢았지만 그렇다고 다른 불이익은 주지 않았다.

'그래. 저런 집념이 있어야 뭐라도 만들어내지.'

실험실에 처박혀 살았던 딕 드루는 수많은 시행착오 끝에 마침내 마스킹테이프를 만들 수 있는 정확한 재료 조합법을 찾아냈다. 그러나 마지막 공정에 꼭 필요한 제기 기계를 구입할 돈이 없었다. 회사에서 연구비를 지원해주지 않았기 때문이다. 결국, 딕 드루는 회사의 돈을 편법으로 빼내 제기 기계를 구입햇다.

맥나이트는 딕 드루의 행동에 또 한 번 기분이 언짢았다. 자신의 결재도 없이 자기 맘대로 기계를 구입했기 때문이다. 그러나 곧 마음을 추슬렀다.

'얼마나 확신이 있었으면 그렇게라도 해서 기계를 구입했을까. 한 번 더 믿고 기다려보자.'

이번에도 맥나이트는 딕 드루에 대해 어떤 문책도 하지 않았다.

얼마 후 딕 드루는 세계 최초로 마스킹테이프를 개발했으며, 곧이어 가정과 사무실에서 범용적으로 사용되는 스카치테이프까지 개발해냈다.

마스킹테이프와 스카치테이프의 개발로 인해 3M은 다시 한 번 도약할 수 있었다. 그리고 맥나이트는 3M을 이끄는 최고의 자리인 회장직까지 오르게 되었다.

어쩌면 맥나이트는 누구보다도 더 현명한 리더였는지도 모른다.

그는 회사보다 자기 자신이 더 튀는 걸 원치 않았다. 또한 직원들에게 자유를 줘 스스로 무한한 가능성을 발휘할 수 있게 분위기를 조성했고, 직원들이 주인의식을 갖고 자긍심을 발휘할 수 있도록 도왔다. 조용하지만 도전과 모험을 중요시했던 맥라이트. 그의 그런 경영방식이 있었기에 전세계인의 필수품이 된 '포스트-잇'이라는 제품도 탄생할 수 있었다.

그는 경영에 대한 자신의 생각을 이렇게 밝힌 바 있다.

"직원들에게 창의력을 요구하기 전에 책임을 위임하는 게 필요합니다. 물론 경영자는 상당한 위험과 인내력을 감수해야 하죠. 믿고 기다리다 보면 분명 직원들은 자신의 임무를 완수합니다. 그리고 비록 실패하더라도 그게 옳은 길이었다고 격려해주는 것이 리더입니다. 실패의 위험성을 줄이기 위해서 일하는 방식까지 참견하고 지시한다면 그 회사는 더이상 발전할 수 없습니다."

오늘날 3M은 이직율이 매우 낮고 인재 유출이 거의 없는 기업, 외부의 인력보다 내부의 직원을 절대적으로 신뢰하는 기업, 사람들로부터 사랑받는 세계적인 기업으로 우뚝 서 있다. 이 모든 것이 가능했던 건 믿음의 혁신가, 조용한 리더, '윌리엄 맥나이트'의 경영방식 덕분이었다.

부드러운 것이 강한 것을 이긴다

부드러운 자유가 강한 억압을 이긴다

예전에는 제왕적 리더십이 각광을 받았다. 권력자나 리더의 말 한 마디가 곧 법이었다. 리더가 두 팔을 벌려 기지개를 펴기만 해도 산천초목이 벌벌 떨며 긴장을 했고, 손가락 하나 까닥하면 일사천리로 모든 일이 진행되고 어려운 문제도 쉽게 풀렸다. 감히 그 누구도 그의 의견에 토를 달거나 등을 돌리지 못했다. 그러나 지금은 시대가 달라졌다.

지금은 모든 정보가 공개되고, 인권이 존중되며, 각자의 생각이 중요시되는 시대다. 제왕적 통치자나 리더는 설 자리가 점점 사라지고 있다. 국민들이 그런 통치자나 리더를 더이상 용납하지도 않는다.

한 사람에게 나라의 운명을 맡기는 시대라기보다는 자율과 창의 속에서 머리를 맞대며 상생의 길을 모색하는 방향으로 흘러가고 있는 것이다.

글로벌 기업 컨설팅 회사인 왓슨와이어트의 폴 플래튼 컨설턴트는 21세기가 원하는 리더에 대해 이렇게 말했다.

"카리스마의 시대는 이제 끝났습니다. 21세기형 글로벌 리더는 성격 좋은 사람이 최고입니다. 한마디로 품격 있는 리더십의 시대가 온 거죠. 21세기는 내일이 불확실한 시대입니다. 리더도 미래에 대해 답을 줄 수 없습니다. 그렇기 때문에 혼자의 힘으로는 안 됩니다. 미래에 대한 불확실성과 모호함을 인정하고 여럿이 함께 모여 참을성 있게 문제를 풀어나가야 합니다. 또한 글로벌 기업에서는 다른 문화와 전통에서 성장한 인재들이 함께 모여 일하기 때문에 그들 각자의 생활방식이나 생각을 이해하고 통합하는 인품이 보다 더 중요합니다."

심지어 그는 앞으로 리더십 교육은 '리더십을 없애는 리더십'을 해야 한다고까지 말했다. 리더의 영향력이 강하면 강할수록 자발적인 창조력과 일의 능률이 떨어지기 때문이다.

부드러운 리더십이 강하고 오래 간다

제왕적 리더십이 몰락하는 반면 새롭게 부각되는 리더십도 있다. 바로 '여성 리더십'이다.

앨빈 토플러와 함께 미래학의 양대 산맥으로 꼽히는 세계적인 석학, 존 나이스비트는 그의 저서 《메가트렌드》에서 "21세기는 여성(Female), 감성(Feeling), 상상(Fiction)이 주도하는 '3F 시대'다"라고 말했다. 특히 그는 리더로서의 여성의 역할 비중이 점점 늘어날 것이라고 전망했다.

산업사회에서는 우월한 노동력의 남성들이 사회를 이끌었지만 정보화 시대에는 지식과 창의성이 보다 큰 가치를 지니게 된다. 권위와 힘보다는 정형화되지 않는 섬세한 감각과 부드러운 이미지의 여성 리더가 필요한 것이다.

요즘 CEO들도 리더십의 변화에 발맞춰 보다 부드럽고 친근한 이미지로 리더십을 발휘하고 있다. 대표적인 것이 바로 '서번트 리더십(Servant Leadership)'이다.

로버트 그린리프(Robert K.Greenleaf)가 저술한 《Servant Leadership》에서 처음으로 제시한 이론으로 당시에는 널리 알려지지 않았지만 최근 들어 부각되고 있다.

서번트는 '머슴'이라는 뜻으로, 부하직원 및 아랫사람을 부림의 대상이 아니라 섬김으로 이끄는 새로운 리더십을 말한다. 즉, 명령이나 지시하는 자기 중심적인 리더가 아니라 신뢰와 배려를 바탕으로 한 상호 존중적인 리더십을 말하는 것이다.

서번트 리더십을 조직 운영에 반영하여 실천하는 CEO들이 점점 늘고 있다. 어느 회사는 연초 시무식 행사로 사장이 직원들의 발을 씻겨준다고 한다. 사장의 손길이 발끝에 닿을 때 직원들의 표정이 어떻겠는가? 어색하고 난처하고 당황스러울 것이다. 그러나 분명 마음 한편으로는 행복하고 기쁠 것이다. 사장의 응원과 격려와 사랑을 싫어할 사람은 없기 때문이다. 이처럼 사장이 몸을 낮추고 직원 편에 선다면 직원 역시 애사심이 더 높아지고 일에 대한 의욕이 높아질 것이다.

국내 최대 광고회사인 제일기획 김낙회 대표는 직원들에게 보다 더 편하게 다가가고, 제왕적 카리스마의 병폐를 없애기 위해 호칭 파괴라는 파격적인 아이디어를 내놓았다.

대표이건, 임원이건, 팀장이건, 신입사원이건, 직급 호칭이 딱 하나밖에 없다. 모두 '프로'라고 부른다. 일반적인 기업들의 수직적 직급 체계를 '프로'로 단일화시킨 것이다. 신입사원이 김대표에게 '김 프로님'이라 부르고, 김대표 역시 신입사원에게 'O 프로'라고 부른다.

호칭 파괴를 통해 회사는 직원들 간의 소통이 자유롭고 활발해지고, 창의적인 아이디어가 넘실대는 효과를 보고 있다.

조직의 능률을 높이고 사람들 사이의 유대감을 높이기 위해선 상하관계보다는 수평적 관계가 훨씬 더 효과적이다. 즉, 자율성 보장과 무한 신뢰감이야말로 발전의 가장 중요한 요소인 것이다. 자율성은 사라지면 생각이 굳고 행동 역시 게을러진다. 또 리더가 만들어놓은 틀 안에 갇혀 있으면 그저 리더의 심부름꾼으로 전락하고, 그 조직은 더이상 발전할 수 없다.

21세기가 요구하는 리더로 사는 법

모든 것을 주기보다는 열망을 심어줘라

영화 〈홀랜드 오퍼스(Mr. Holland's Opus)〉에 이런 대목이 나온다.

위대한 교향곡을 작곡하고픈 음악 선생님이 어느 날, 스스로 재능이 없다고 오케스트라 탈퇴서를 제출하러 온 학생과 이런 대화를 나눈다.

"탈퇴서라……. 그래. 넌 왜 음악을 하는 거지?"

"음악을 하면 재미있고 많은 사람들에게 감동을 주니까요. 그런데 전 실력이 부족한 것 같아요."

"그런데 넌 재미가 아니라 악보만 보고 연주하려고 하더구나. 악보가 음악의 전부라고 생각하니? 악보를 보지 말고 한 번 연주해보렴. 넌 잘할 수 있어. 스스로 못 믿을 뿐이지. 다시 해보렴. 눈을 감고 노을을 생각하면서 연주해보렴."

그러자 학생은 단 한 번도 실수하지 않고 완벽하게 연주를 해냈다.

음악 선생님은 학생에게 일일이 연주하는 방법을 알려주는 대신 학생의 가슴속에 열망을 심어주었다.

생텍쥐페리 역시 '열망의 힘'에 대해서 다음과 같이 말했다.

"만일 당신이 배를 만들고 싶다면 사람들을 불러 모아 목재를 가져오게 한 후 일을 지시하고 일감을 나눠주는 등의 일은 하지 마라. 대신 그들에게 저 넓고 끝없는 바다에 대한 동경심을 키워줘라."

그렇다. 하나에서 열까지 다 가르치고 지시하기보다는 스스로 할 수 있는 여지를 마련해주는 것이 훨씬 더 현명한 일이다.

믿고 맡겨라, 기회를 줘라

중국사에 유명한 인물들이 많지만 공자나 관우에 버금가는 인물이 있다. 바로 '제갈량'이다.

그는 유비를 황제에 오르게 하고 촉한을 세운 일등공신이다. 더군다나 오나라의 손권과 연합하여 남하하는 조조의 대군을 적벽에서 싸워 대파하기도 한 권력가이자 전략가이다. 그가 그처럼 위대한 업적을 남길 수 있었던 요인은 뭘까. 타고난 능력도 있겠지만 그의 능력을 발견해주고 키워준 멘토 유비를 만났기 때문이다.

사실 그는 시골에서 농사를 지으며 한가롭게 살고 있었다. 그런데 그의 능력을 알아본 유비가 스무 살이나 어린 그에게 '삼고초려'까지 하면서 자신의 책략가로 일해달라고 하자 감동한 나머지 유비 밑으로 들어가 그를 위해서 모든 것을 바쳐 일했다.

누군가가 자신의 능력을 발견해주고, 격려해주는 것만큼 기분 좋은 일은 없다. 거기에 마음껏 능력을 발휘할 수 있게 권한까지 준다면 더할 나위 없다.

만약 당신에게 리더의 자리가 주어진다면 아랫사람을 믿고 일을 맡겨야 한다. 직접 하지 않으면 불안해서 하나에서 열까지 혼자의 힘으로 다 처리한다면 결국 지치고 남의 능력까지 빼앗는 결과를 초래하고 말 것이다. 그러면 조직은 정체되고 오래가지 못한다.

믿고 맡겨라. 기회를 줘라. 자신의 일을 그 누군가가 대신해준다면 자신은 다른 일을 할 수 있는 여유가 생긴다.

이름을 기억하고 불러줘라

사람은 누구나 자신의 이름이 불려지길 원한다. 이름은 곧 자신의 존재감이며 정체성이기 때문이다.

인간관계의 출발점은 이름을 부르는 것으로부터 시작된다.

'선생님은 내 이름을 모를 거야' 라고 생각하고 있었는데, 어느 날 선생님이 자신의 이름을 불러줬을 때, 과연 그 기분은 어떨까? 자신을 인정해주고 대우해준다는 생각에 기분이 좋아져 금세 호감을 갖게 되고 친근함을 느끼게 될 것이다.

이름의 효과는 동물의 실험에서도 나타났다.

영국 뉴캐슬대 연구팀은 젖소에게 이름을 지어주고 그 이름을 매일 불러줬다. 그랬더니 이름이 없는 젖소보다 이름을 불러준 젖소의 우유 생산량이 훨씬 더 많았다.

이처럼 이름을 불러주는 건 자존감과 안정감을 높여주는 매우 효과적인 방법이다.

마케도니아의 알렉산더 대왕이 그리스와 페르시아, 인도에 이르기까지 대제국을 건설할 수 있었던 건 용맹함과 야망 역시 한 몫을 했지만 그것 못지않게 부하의 충성심을 끌어낼 수 있는 비밀이 있었다.

그는 부하들의 이름을 외우고 전장에 출정하기 전에는 일일이 그들의 이름을 불러주었다.

"프톨로메오! 난 너의 용맹함을 알고 있다."

"텍서포스! 네가 있어 아주 든든하구나."

"매난드로! 이 전쟁을 나의 승리가 아니라 너의 승리로 만들어라."

　자신의 이름이 호명될 때마다 병사들의 눈빛은 달라졌고, 스스로 전쟁의 리더가 되었다. 그 결과, 수적 열세에도 불구하고 알렉산더의 4만 군대는 20여 만 명의 페르시아 군사와의 승리에서 승리할 수 있었다.

가슴이 시키는 일 Part 2 실천편

초판 1쇄 인쇄 2011년 3월 25일
초판 6쇄 발행 2011년 8월 8일

지은이 김이율
발행인 임채성
본부장 박태규
디자인 김현미

펴낸곳 판테온하우스
주소 서울시 마포구 동교동 165-8 LG팰리스빌딩 921호
전화 02)332 - 6304 **팩스** 02)332 - 6306
메일 pantheon11@naver.com
카페 http://cafe.naver.com/pantheonhouse
블로그 http://blog.daum.net/history74
출판등록 2010년 4월 22일(신고번호 제313 - 2010 - 119호)

ISBN 978-89-94943-11-4 13320